潮流

杨泽 —— 著

品牌引爆、**出圈**背后的秘密

机械工业出版社
CHINA MACHINE PRESS

是什么因素使B站（哔哩哔哩）、Supreme、泡泡玛特、喜茶、lululemon（露露乐蒙）出圈了？答案是入圈。你是否想过成立于2009年的B站、创立于1994年的Supreme、诞生于2010年的泡泡玛特、起源于2012年的喜茶正是因为经历了漫长的入圈过程，才有了后来的破圈而出，成为大众知晓的流行事物？

本书系统地梳理Supreme、泡泡玛特、B站、喜茶、lululemon、霸蛮湖南米粉（原伏牛堂）、完美日记、Allbirds等近年来突然流行的品牌，可口可乐等知名品牌，还有摇滚乐、国潮等出圈的原因，提出了除定位外占领用户心智的另一条路径——入圈孕育"潮流"，并详细解析了这条路径中"文化需求、小众人群、超级用户、链接关系"四个关键要素，带你一起体会流行事物出圈之前必不可少的入圈经历，从全新的视角揭示了互联网低成本获客的秘诀，以及在新消费时代，品牌发展的趋势。

无论你是企业高管、创业者、投资人，还是传统媒体或新媒体从业者，或是对潮流文化、古风汉服、摇滚嘻哈乐、文艺电影、古籍善本等领域感兴趣的人，只要你想将自己的兴趣变成事业，想让自己的事业更进一步，你都可以在本书里获得启发。

图书在版编目（CIP）数据

潮流：品牌引爆、出圈背后的秘密 / 杨泽著 . —北京：机械工业出版社，2021.8
ISBN 978-7-111-69155-6

Ⅰ.①潮⋯ Ⅱ.①杨⋯ Ⅲ.①网络营销 Ⅳ.① F713.365.2

中国版本图书馆 CIP 数据核字（2021）第 191499 号

机械工业出版社（北京市百万庄大街22号 邮政编码100037）
策划编辑：刘 洁　责任编辑：刘 洁　戴思杨
责任校对：李 伟　责任印制：李 昂
北京联兴盛业印刷股份有限公司印刷
2021年11月第1版第1次印刷
170mm×242mm · 13印张 · 1插页 · 185千字
标准书号：ISBN 978-7-111-69155-6
定价：59.00元

电话服务　　　　　　　　　　　网络服务
客服电话：010-88361066　　　 机 工 官 网：www.cmpbook.com
　　　　　010-88379833　　　 机 工 官 博：weibo.com/cmp1952
　　　　　010-68326294　　　 金 书 网：www.golden-book.com
封底无防伪标均为盗版　　　　　 机工教育服务网：www.cmpedu.com

推荐语

每一代人有每一代人的"潮流",每一个人有每一个人的"圈子"。从追随潮流,到引领潮流,从入圈,到破圈,再到出圈,这不只是当下创业者、投资人追逐的热点,更是值得每一个品牌塑造者研究的问题。天使圈作为早期投资机构,也在新消费领域有所涉足,发现有的项目深谙"人以群分"之道,在细分市场获得了忠实的用户。这本书值得大家细读。

——硅谷创业者学院 Founder Institute 中国区 CEO、
天使圈创始人兼 CEO 刘唯劼

我们在讨论技术变革、产品创新的时候,常常忽视技术的发展、产品的迭代都是为了更好地满足人的需求。本书揭示了在经济发展过程中人的需求的变化,用讲述品牌故事的方式,梳理出在互联网时代新消费品牌的生长逻辑,指出消费品牌升级的方向和路径,值得一读。

——变量资本管理合伙人 吴江

本书提出了"先入圈再出圈"的概念,霸蛮湖南米粉的成长经历也印证了这个过程。霸蛮湖南米粉最早深入在北京的湖南人群体,与他们建立紧密的关系,成为他们的朋友、亲人,然后做产品改进、渠道建设、品牌升级,之后出圈获得了更多人的青睐。这个概念也非常符合中小企业的实际情况。中小企业早期缺乏资金、缺少资源,可通过低成本的方式运营用户,在具备一定实力后,再全方位提升竞争力,构建自身的壁垒。推荐所有准备创业和正在创业的朋友,仔细阅读、思考本书内容。

——霸蛮湖南米粉联合创始人 宋硕

新消费、新国货究竟怎么做？众说纷纭。《潮流》一书透过表象，从事物引爆、出圈的规律出发，提出了潮流理论。无论是Supreme，还是泡泡玛特、B站、得物，都符合这一规律。本书值得每一个正在或想要做新消费领域项目的朋友阅读、思考。

——随视传媒联合创始人　沈雁

私域流量是近年来热度极高的一个词。与常规视角不同，本书选择从超级用户、网络效应来解读小众对大众的影响力，并由此提出了"先入圈再出圈"的潮流方法论。互联网、社交网络发展至今，我们仍然低估了它们的价值。《潮流》一书无疑给出了另一个思考方向。

——见实科技CEO、畅销书《小群效应》《即时引爆》《社交红利》作者　徐志斌

新消费是这两年创投领域的热点，消费的重点正从产品功能升级为品牌"符号"，在这中间最值得创业者研究的，是如何构建符号认同、如何促使小圈子中的符号认同破圈，以及如何管理破圈之后产生的亚文化与大众文化之间的冲突。我们在做"递爪""在行"这两个产品时，在构建核心用户之间的文化认同、价值认同上花了相当大的精力。这也为我们之后的产品破圈，做好了准备。

——"在行"前联合创始人、产品总监，《职场高效阅读》作者　朱晓华

随着互联网与实体经济的结合愈加紧密，如何在塑造品牌的过程中实现持续增长，成为每个公司必然要面对的问题。《潮流》一书以全新视角，通过梳理众多知名品牌的成长过程，归纳出一套有效打爆品牌的底层逻辑，是一套围绕用户增长做品牌的科学方法论。

——《硅谷增长黑客实战笔记》作者　曲卉

推荐语

互联网时代的品牌应该怎么做？杨泽老师没有拘泥于现有的品牌方法，而是通过总结其社交产品运营经验，给出了一个全新的答案：先入圈找到一群"死忠粉"，再出圈获得大众的认可。

无论是本书提到的案例，还是这两年热度颇高的文和友等餐饮项目，蔚来、小鹏、理想等造车新势力，小米、华为等智能硬件，或是一些选秀综艺项目，都对圈子有着独特的理解。或许正如《潮流》一书所表达的，营造圈子、形成共识就是在互联网时代建立品牌的一个重要路径。

——钛媒体首席运营官　马金男

杨泽曾在碳链价值 App 开设专栏，从市场、品牌的视角来分析区块链行业的变化。本书则换个角度，以从比特币诞生、发展到流行的过程来印证互联网产品、消费品、文化产品等领域的变化，这恰恰说明产品、品牌被大众接受存在同一个逻辑。《潮流》一书通过介绍文化需求、小众人群、超级用户和链接关系四个要素阐述了这个逻辑。这是一个独特的视角，一个非常有意思的洞察。

——碳链价值创始人兼 CEO　王立新

这几年冒出来不少新品牌，它们尽管在品类上千差万别，可杨泽老师却从中洞察出它们出圈的通用逻辑：文化需求、小众人群、超级用户和链接关系。这四个要素环环相扣，把一个品牌从入圈到最后成功出圈的整个逻辑都讲通了，也希望这个逻辑能被更多的品牌学习并借鉴。

——TopMarketing 创始人　盖雄雄

品牌何以"出圈"？秘密就在"入圈"。杨泽先生的"潮流说"，不失为一种高妙的解码"神思"，值得一读。

——暨南大学传播与国家治理研究院品牌战略研究中心主任、
中国广告协会学术委员会常务委员　星亮

如今，中国企业面对新时代的挑战和机遇，正需要懂得企业自身特征和商业规律的营销秘籍。杨泽先生的《潮流》，揭示了抢占用户心智的秘诀，必然成为品牌突破爆发的成功指南。

——梅花网研究院前执行院长、中国营销研究院院长50人论坛专家、
《从零开始做抖音》作者　程然（Henry）

前言

需要多长时间，才能在 2019 年，让一个新上线的 App 以几乎 0 元的推广成本登顶 App Store？

答案是 7 天，并且还不是短暂的登顶，而是从此以后，一直排名第一。

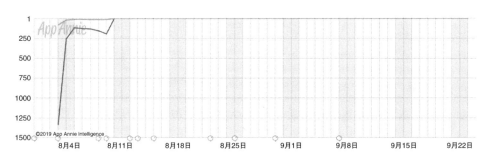

图 1　该 App 在 7 天内登顶 App Store 排行榜（数据分析平台 App Annie）

当然，这段略带神奇色彩的经历固然包括运营策略的得当、产品的完整度高等因素，但归根结底还是我们经常提到的"需求"要素。

在这款 App（一个类似微信的海外通信应用）冷启动的用户调研中，我们发现了一类特殊用户群体——出租车司机，对这类产品的需求很大。出租车司机不仅在平时司机间沟通、与家人沟通时需要用到这类产品，他们在载客的过程中可能会接触到更多乘客并与其沟通，从而将此 App 进一步扩散。因此，我们将最初的目标用户群体锁定为出租车司机这类用户。

出租车司机有一个"趴活"的场景可以帮助进一步做有效营销。每天在购物中心、火车站、长途车站、酒店等固定场所会聚集大量等待客人的出租车司机，在等待的时间里他们几乎无事可做，因此，App 触达、转化的效率非常高。

由于资源有限，我们决定分城市进行推广，先在一个城市的出租车司机群体里建立影响力，等 App 在他们中应用得比较频繁后，再拓展到第二个城市，进而一个城市一个城市地推广，寻找引爆流行的机会。整个过程远超预期，短短 7 天的时间就成为当地 App Store 排行榜排名第一的 App，随后几天也成功登顶 Google Play 榜。

后续复盘这个案例时，我们重新理解了天天挂在嘴边的"需求"要素。之前我们是按照国内 App 运营推广的经验来判断这个产品的冷启动过程的。众所周知，在流量红利逐渐消失的时代，每一款新产品的流行都意味着其他产品的损失。以社交 App 脉脉在上线初期的推广为例，拓展人脉几乎是每个人都有的需求，然而这方面的需求在很大程度上被微信的微信群、朋友圈及微博满足了，脉脉与微信争夺用户的过程就像"在虎口夺食"。经过充分的研究和讨论后，我们最终将目标用户群确定在对"找人"需求最迫切的创投人群。通过使用线上线下各种手段，经历了一年多的时间，我们才使脉脉逐渐在互联网人群中提升了影响力。

实际上，对于用户迫切需要又没有有效解决的需求，只要创造一个产品，就会以远比我们想象中更快的速度实现引爆，正如这款海外通信应用击中了"与亲朋好友联系"这一刚性需求，继而引爆一样。

通常由于科技的进步、某个发明的诞生、某类事件的推动，创造出一个巨大的变量，让人类衣食住行等刚性需求有较大的提升，比如工业革命、互联网、智能手机的出现，我将这类需求命名为基础需求。

然而在基础需求市场上很快就会出现众多竞争者，从而进入红海竞争阶段，腾讯视频、爱奇艺、优酷等视频平台就是一个典型的例子。在很长一段时间里，版权是视频平台竞争的核心，但 B 站以"像迪士尼一样的文化品牌公司"为目标,成为腾讯视频、爱奇艺、优酷的有力竞争者。这种竞争在传统领域中更是屡见不鲜,比如美国体育运动品牌耐克㊀旗下的 AIR JORDAN 1。最初 AIR JORDAN 1 仅仅是一双适合打篮球时穿的功能鞋,但伴随着乔丹在篮球场上的成功,它逐渐成为成功的标志。如果从功能属性来评价 AIR JORDAN 1,其核心科技远不如现在耐克的各款鞋,但 AIR JORDAN 1 却能因为其功能以外的价值畅销 30 多年,这又是一种什么样的价值呢?

在激烈竞争的红海市场,产品基础属性的差异变得越来越小,能否满足个性化需求成为脱颖而出的关键。这种个性化需求常常体现在品牌层面,是否让人印象深刻,是否符合某一类人的喜好,是否具备鲜明的品牌主张(价值观)。AIR JORDAN、YEEZY、喜茶、一条、日食记、黎贝卡都是类似的逻辑。我将这类需求统称为"文化需求"。

基础需求和文化需求体现在产品层面就变成了产品的功能属性和产品背后的品牌属性。在基础需求阶段,人们更加关注商品的基础功能,影响人们喜好的方法可以总结为一个字——"更",更多、更快、更新、更便宜、更美味,因为普适性,每个人都需要,这个阶段的品牌价值更多体现为知名度。

随着经济的发展,产品层出不穷,产品功能的差异变得越来越小,产品背后的文化属性反而成为竞争的关键。这个阶段人们对品牌的需求也不仅停留在知名度,他们更加关注品牌所代表的文化价值,这种文化价值因为人们的经历、学识、喜好的不同而呈现出碎片化的特点,因此我们能看到很多在大众中知名度不高却在小圈子中风靡的品牌。在表 1 中,我总结了基础需求和

㊀ 说明:本书提及的品牌,旨在向读者介绍品牌存在文化属性这一现象,并介绍其出圈经历,并不意味着赞同品牌的一切经营方式、态度、观点或刻意宣传该品牌。实际上,在同一品类下具备类似热点的还有其他品牌,但本书选取了其中规模较大且文化需求满足明显的品牌,作为案例不得不描述相关细节。因此,书中提及的与品牌相关的文字泛指这种类型品牌。——作者注

文化需求的差异，便于大家更好地理解两种需求。

表 1　基础需求与文化需求的差异

用户需求	基础需求	文化需求
产品设计	特别的产品功能	品牌文化
营销	"更"	孕育"潮流"
市场环境（该品类所处的）	蓝海市场	红海市场

我在系统梳理 Supreme、泡泡玛特、耐克、可口可乐、喜茶、lululemon、霸蛮湖南米粉、完美日记、B 站、Allbirds、特斯拉、Facebook（脸书）、Snapchat（色拉布）、虎扑、比特币、抹茶及摇滚乐队等潮流案例后，发现这类产品的流行都符合一个规律：

首先都提供了文化需求，这是一种超越了基础需求的精神层面的需求。

其次是小众人群，文化需求本身的碎片化特征导致与基础需求相比，文化需求用户群的规模比较小，但上述潮流案例向我们展示了小众人群的爆发力，诠释了小众人群的价值。

再次是超级用户，在小众人群之中存在一类更小众的用户群体，他们的观点、喜好影响着小众人群的选择，只要搞定这类更小众的人群，就容易搞定小众人群。

最后是链接关系，这是搞定超级用户 ROI（投资回报率）最高的方式。人类的繁衍与进化都离不开关系，关系这一特性在小众人群中更加明显，只要能有效地建立起关系，就可以吸引这类人迁移到新的平台，移动互联网、社交媒体的出现更是加速了这一过程，因此，我们看到越来越多以兴趣、喜好为主的社群逐渐产品化、商业化，从社群进化为公司。

前言

也就是说这些知名品牌往往先击中一小群用户，让产品在这些人中流行起来，再利用人类"模仿"的天性，吸引更多人，随着感兴趣用户规模的扩大，在某一个时刻实现"出圈"，于是，事物开始在大众中流行起来。这就像很多条河流汇入表面平静却暗流汹涌的海洋，但真正形成潮流的，仅是其中极少数，这和先入圈再出圈的道理相同。圈子有成千上万，出圈的是极少数，就像没形成水花就无法形成潮流一样，没有入圈就不存在出圈。因此，我将这个逻辑称为孕育"潮流"。在本书中，我将系统讲述文化需求、小众人群、超级用户、链接关系四个要素之间的关系，解开品牌流行背后的逻辑。

限于笔者的写作水平，书中难免存在疏漏和不足之处，还请读者包容和理解。随着我不断深入研究这个领域，我越发觉得孕育"潮流"是一个很大的话题，且总会有新的想法出现，限于篇幅，无法在本书中都展现。笔者衷心希望能有更多人与我讨论，加入学习引爆潮流的兴趣小组 [请加我个人微信号（yangze82）时写明申请加入学习小组]。

另外，需要说明的一点是，本书的所有内容和观点仅代表笔者本人的想法和看法。

杨泽

2021 年 5 月 9 日

目　　录

推荐语

前言

引言　先入圈再出圈，孕育"潮流"的四要素

泡泡玛特入圈，Molly 出圈 / 3

Supreme：原汁原味的美国纽约滑板文化 / 9

比特币：密码朋克文化的结晶 / 12

另一种定位：占据小众人群的心智 / 15

从功能创新到孕育"潮流" / 16

孕育"潮流"的四要素 / 17

"潮流"的由来和孕育"潮流"的全过程 / 21

第 1 章　文化需求

1.1　从功能到文化：耐克华丽转身的故事 / 25

1.2　文化需求：用户需求的"第二曲线" / 32

1.3　中日两国消费时代的变迁 / 37

1.4　喜茶、元气森林：正在爆发的吃喝玩乐需求 / 42

1.5　文化即品牌，品牌即差异化 / 45

第 2 章　小众人群

2.1　小众人群：百亿美元公司的成长秘籍 / 55

2.1.1　Facebook：一切从哈佛大学的宿舍楼开始 / 55

2.1.2　Snapchat：从橘郡高中生开始挑战 Facebook / 58

2.1.3　利基市场战略 / 60

2.1.4　lululemon：服务小众人群的 400 亿美元运动品牌 / 63

2.2 基于文化需求的小众人群 / 69

  2.2.1 虎扑与得物 App / 69

  2.2.2 分叉：人类组织的常态 / 72

  2.2.3 分叉中的新商机 / 74

2.3 寻找小众人群方法一：挖掘隐藏在小众人群中的更小众 / 77

  2.3.1 垂直平台：小众人群聚集地 / 77

  2.3.2 综合平台：被筛选出的垂直人群 / 79

  2.3.3 UGC 平台：具备创造能力的小众人群 / 82

2.4 寻找小众人群方法二：挖掘大趋势中的小众人群 / 84

  2.4.1 促进中日两国文化交流的小众人群 / 84

  2.4.2 美国文化：可口可乐的全球化 / 88

  2.4.3 我国传统文化的复兴 / 92

第 3 章 超级用户

3.1 超级用户：影响小众人群的更小众 / 99

3.2 特斯拉：如何以 0 元广告投入做营销 / 102

3.3 互联网 1∶9∶90 法则 / 107

3.4 超级用户 - 核心用户 - 普通用户：完美日记的推广路径 / 109

3.5 模仿：从超级用户开始到亿万用户增长的底层逻辑 / 112

3.6 寻找超级用户 / 114

  3.6.1 有高频刚需的人群 / 114

  3.6.2 持续产出影响力的 KOL / 117

第 4 章
链接关系

4.1 被忽视的网络效应 / 125

4.2 鞋履品牌 Allbirds：借助网络效应，4 年时间估值超 10 亿美元 / 128

4.3 虚构故事：从邓巴数字到组织共识 / 133

4.4 内容链接关系 / 135

    4.4.1 用内容链接区块链的"信徒" / 135

    4.4.2 链接关系的三类内容 / 139

4.5 运营容器：汇聚小众人群，创造紧密关系 / 145

    4.5.1 论坛：汇聚区块链有关的人、事、物 / 145

    4.5.2 社群：霸蛮湖南米粉的运营容器 / 147

    4.5.3 内容 + 线下，构建深度运营体系 / 151

4.6 线下运营：构建紧密的关系 / 153

    4.6.1 贯穿社交的线下活动 / 153

    4.6.2 线下运营，建立深度关系 / 160

    4.6.3 创造仪式感 / 163

4.7 线上 + 线下，围绕运营容器，深度链接小众人群 / 164

第 5 章
潮流：品牌的入圈与出圈

5.1 B 站入圈：出圈之前，请先入圈 / 175

5.2 乐队出圈：小众需求的大众表达 / 185

5.3 引爆流行的副作用：分享"现编"的故事 / 188

后记　用互联网方式建立新一代的品牌

引言
先入圈再出圈，
孕育"潮流"的四要素

毛利率超过60%，复购堪比医美产品，坪效高于海底捞；2020年IPO（首次公开募股）的市值超过1000亿港元，如果要举例2020年最具知名度的消费品牌，那么泡泡玛特无疑是一马当先。

不了解泡泡玛特发展历程的人可能不知道，在遇到玩具Molly（茉莉）之前，泡泡玛特仅是一家发展了5年但连年亏损的卖潮流玩具（简称潮玩）的连锁店，Molly也只是一个在小圈子里受到追捧的"Art Toys（艺术玩具）"。然而两者相遇后，用了5年时间，泡泡玛特便成为一家营收接近17亿元、净利润高达4.51亿元，以超过200%的速度高速增长的品牌。

那么，是什么力量，让两个品牌产生了奇妙的化学反应？我们要回到2015年，探究那个变局点前后到底发生了什么事。

泡泡玛特入圈，Molly出圈

2010年11月17日，在学校期间就曾有过创业经历的王宁在中关村欧美汇购物中心创立了泡泡玛特的第一家店,一家在我国香港、日本东京街头常见的超市式售卖潮流产品的店铺。由于店铺毫无知名度,创始团队也缺乏店铺运营经验,在开店的前两年,泡泡玛特一直亏损,虽然亏损金额不多,但创业团队看不到希望。就在王宁即将放弃的时候,投资人麦刚给了他一笔200万元的天使投资,以及泡泡玛特需要的信心,让他确信销售潮流玩具是有前景的生意。

2014年,泡泡玛特连续完成了三轮融资,在资本的助力下,泡泡玛特的店铺规模持续扩大,逐渐从一个街边小店发展成为品牌连锁店。2015年,泡泡玛特的店铺数量已经超过20家,其中在北京金融街购物中心的奢侈品牌LV(路易威登)楼下开设的店铺更有里程碑式的意义(这意味着泡泡玛特得到了一线品牌的认可,因为LV对邻居店铺有极高的要求)。

也是在这一年,泡泡玛特偶然发现了IP⊖潮玩的商机。第一个潮玩并不是Molly,而是Sonny Angel(见图1)。这个诞生于2004年的日本知名潮玩在为泡泡玛特带来了每年超过3 000万元销售额的同时,也让泡泡玛特看到了Art Toys巨大的潜力。

图1 日本著名潮玩Sonny Angel

⊖ IP(Intellectual Property,知识产权),在互联网上引申为所有成名的文学、影视、动漫、游戏等作品的统称,更多的是代表由智力创造的发明、文学和艺术等作品的版权。

在大众眼中，Sonny Angel 等潮玩仅是一种玩具，但很多玩家并没有将其视作寻常的玩具，而是 Artist Toys，即"艺术家玩具"。艺术家玩具并不是一个全新的市场，在我国香港地区 Artist Toys 的历史有 20 多年，在日本、欧美等国家/地区，其历史更悠久一些。艺术家玩具市场的发展是与经济发展息息相关的，经济发展，人们满足了衣食住行等基础消费需求后，会逐渐产生个性化消费需求，Artist Toys 正是其中一种能满足人们个性化消费需求的产品。潮牌、潮鞋也大多是由艺术家设计（艺术家联名）的艺术品，它们仅仅是品类不同。

这类带有艺术属性的潮玩因其独特的艺术调性吸引了一批忠实的粉丝，他们逐渐形成了一个喜好潮玩的圈子，日常讨论与潮玩相关的话题，交流最新推出的款式，开展潮玩的二手交易，还会组织各种线下聚会，进行深度交流。Sonny Angel 在泡泡玛特热销也是因为 Sonny Angel 在国内已经拥有了复购率很高的粉丝群，他们支撑起每年 3 000 万元的销售额。

Molly 也是如此。在与泡泡玛特合作之前 Molly 已经运营了 10 年，积累了一批忠实的粉丝，然而由于从设计到生产的过程十分复杂，Molly 的设计师王信明一年只能设计一两个系列，每款只能生产 150 个，而一个带有独立编号的潮玩售价常为几千元，这种艺术品级别的潮玩注定只能在小圈子里流行。

幸运的是泡泡玛特出现了，它扮演着艺术家经纪公司的角色，它与艺术家签约、孵化 IP。泡泡玛特解决了产品的商业化设计、供应链打造、产品打磨、销售渠道拓展一系列复杂烦琐的问题，原本一年只能设计一两个系列的王信明，变为一年可以设计 10 个系列，超过 100 个新 Molly 款式。更为重要的是泡泡玛特引入了盲盒模式，用大众喜爱的玩法改造了 Molly。

泡泡玛特吸收了 Sonny Angel 的经验，将 Molly 重新设计成高 7 厘米的迷你摆件，每 12 个不同造型的摆件组成一个系列，分为固定款、隐藏款（大小隐藏款）及特别款等。消费者购买的时候并不清楚购买的具体样式，因此在打开的一瞬间会受到强烈的刺激。这种刺激可能是惊喜或失落，这不仅会激发消费者向身边人分享的冲动，更重要的是满足了其猎奇的本能，消费者会产生购买下一个盲盒的冲动，随着同一系列娃娃款式的增加，又会激发消费者的收藏欲望，消费者希望集齐全套（见图 2）。

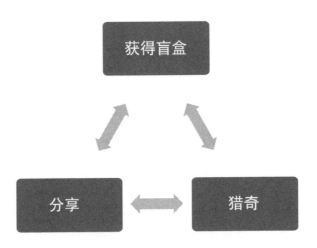

图 2　盲盒玩法令人上瘾的示意图

由于商家会刻意减少隐藏款的数量，因此，真正得到隐藏款、集齐全套的消费者只有极少数。这种饥饿效应会进一步激发用户"炫耀"的冲动，他们会向身边人及在各种社交媒体上炫耀收集的成果。

当越来越多的身边人对"潮玩"着迷，绝大多数人会被影响，并逐渐模仿那些人。一部分人会在购买盲盒后迅速晒出各种盲盒，进而影响更多人。潮玩的消费者越来越多，影响力也越来越大，直到某一个时刻，成功出圈。

回顾 Molly 流行的过程，我们发现经历了两个阶段，第一个阶段是入圈，Molly 用了 10 年时间，逐渐形成了一个忠实的粉丝群体，但受限于玩偶价格和销售模式，形成的仅是一个很小的群体。第二阶段是出圈，泡泡玛特的出现，不仅帮其打通了供应链的各个环节，还降低了 Molly 单品的售价，更重要的是引入的盲盒玩法，通过击中人们与生俱来的猎奇、收藏、炫耀的需求而使人们沉迷其中，最终出圈。

从需求方面看这两个阶段，在入圈阶段，Molly 的爱好者们关注的是其设计理念和艺术价值；而在出圈阶段，人们仅是看到身边的人都在买这个潮玩，就跟进购买，又因为盲盒玩法而上瘾，沉迷其中。在这两个阶段，无论是模仿，还是猎奇、收藏、炫耀，都是人们的基本需求。也就是说，出圈并不是大众突然接受小众事物，而是小众事物找到了与大众需求的结合点，或者是产品找到了小众需求的大众表达方式。人们并不是对 Molly 欲罢不能，而是对 Molly 背后的盲盒模式欲罢不能。

出圈与入圈这两个在需求端看似没有联系的阶段，实则有着紧密的关联。泡泡玛特之所以选中 Molly 是因为在 2016 年 1 月 9 日，王宁发了一条微博："大家除了喜欢收集 Sonny Angel，还喜欢收集什么呢？"有一半的回复提到了此前王宁完全没有听过的名字——Molly[一]，而此时 Molly 的设计师王信明已经是潮玩圈子里头部的艺术家。2016 年 8 月，泡泡玛特与 Molly 合作的第一个"Molly 星座系列"（见图 3）盲盒上线天猫旗舰店，仅 4 秒就销售一空，同样证明了在与泡泡玛特合作之前，Molly 已经有了一定规模的粉丝群体。

[一] 《一天卖出 200 万个，为什么盲盒让年轻人"上瘾"？》，作者：王诗琪，http://www.iwshang.com/articledetail/262225。

■ 潮流：品牌引爆、出圈背后的秘密

图 3　泡泡玛特与 Molly 合作的第一个 "Molly 星座系列" 盲盒

正是因为 Molly 已经是潮玩圈中数一数二的艺术家玩具，有一定规模的粉丝，在盲盒模式加持后，这些粉丝开始有机会购买更多款 Molly，并在线上、线下等渠道分享 Molly，从而影响身边的人也开始购买 Molly，Molly 才展现出了强大的销售能力。根据泡泡玛特招股书显示⊖，在泡泡玛特正在运营的 85 个 IP 中，基于 Molly 形象自主开发的潮流玩具产品的销售额约占 2019 年总收益的 27.4%。

可以说，事物出圈、流行的前提是入圈，先入圈才会有出圈，出圈的本质是先在一个小圈子里流行，再逐渐影响小圈子用户身边的人，进而影响更多的人。随着人数的增多，某一个时刻才出现了出圈现象。

那么，既然事物出圈的前提是入圈，新品牌如何才能入圈呢？以"万物皆可 Supreme"著称的潮流品牌 Supreme 或许可以给我们答案。

⊖ 《详解泡泡玛特招股书：净利润三年涨近 300 倍，Molly 一年卖出 4.56 亿元》，作者：赵虹宇，https://www.tmtpost.com/baidu/4427489.html。

Supreme：原汁原味的美国纽约滑板文化

Supreme 的火爆要从它的诞生说起。1994 年秋季，詹姆斯·杰比亚（James Jebbia）在美国纽约创办了 Supreme。纽约市的曼哈顿下城可以说是纽约街头文化的温床，在那个小城区，来自不同地方的人彼此互相碰撞、融合。源自冲浪的滑板运动与街舞、说唱、涂鸦一样，是街头文化的一个分支，也是当时街头文化中最流行的运动之一。年轻人愿意在街上、公园里聚在一起比拼滑板技巧，讨论滑板的相关话题，逐渐形成一股玩滑板的浪潮。

Supreme 迎合了这一浪潮，其产品以滑板为主线，门店雇用了大量滑板好手成为员工。詹姆斯·杰比亚认为，员工"赋予店铺个性"，门店必须由真正在滑板圈里有影响力的人运营。他有时甚至会聘用 Supreme 的顾客，这在最大限度上保证他们和滑板文化的亲密性，从而吸引不少城中有名的玩滑板高手和街头艺术家聚到 Supreme 的店面（见图 4）。

图 4　Supreme 纽约店

在随后的岁月里，在 Supreme 工作或是"混"着玩的这群年轻人里，走出了杰森·蒂尔（Jason Dill）㊀、亚伦·邦达洛夫（Aaron Bondaroff）㊁、吉奥·埃斯特维斯（Gio Estevez）㊂、阿基拉·莫瓦特（Akira Mowatt）㊃等街头潮流文化的重要人物，他们大多创立了自己的潮牌。

潮流网站 Highsnobiety 创始人同时也是滑板少年的罗斯·威尔逊（Ross Wilson）曾描述 1995 年时 Supreme 的文化地位："独立滑板店最棒的地方在于，它们并不只是一个购物场所，而是人们一起玩、聚头及讨论本地滑板文化的中心地。""而 Supreme，则是把这个文化做到了极致。那时店里还没什么顾客，大多都是玩滑板的人在那聊天，当然还有玩滑板。"

Supreme 的崛起主要靠高频次的线下聚会。在没有互联网社交平台的时代，滑板爱好者们以 Supreme 门店为聚会地点，形成了独特的滑板文化"社群"。Supreme 则成为纽约街头文化，特别是滑板文化的品牌标识。

聚会是 Supreme 滑板文化的一种体现，视频、照片、影片则是另一种体现，滑手们愿意用相机、摄像机记录下滑板运动的瞬间（见图 5）。以 2014 年拍摄的滑板纪录片 *Cherry* 为代表的一系列滑板影片，从视觉方面将滑板基因重新带回 Supreme，确保其原汁原味的滑板文化。

随着美国文化在全球逐渐流行，街头文化走向全世界，Supreme 作为街头文化的重要标识，也因此走向全世界。英国组合 Gimme 5 把 Supreme 带入英

㊀ 滑板界传奇人物，街头品牌 HOCKEY 主理人。

㊁ 滑板界传奇人物，文化平台及街头品牌 KNOW WAVE 主理人。

㊂ Supreme 的第一位员工、店铺管理者，曾出演电影 *Kids*，是詹姆斯·杰比亚了解纽约滑板文化的启蒙导师。

㊃ 滑板界传奇人物，创立了街头品牌 After Midnight。

国伦敦，日本潮流教父藤原浩（Hiroshi Fujiwara）等人力捧，使 Supreme 顺利进军日本市场，并得到日本的人气偶像洼冢洋介（Yosuke Kubozuka）的极力推崇。

图 5　滑手正在用摄像机记录滑板运动

Supreme 在我国的热度也在持续提升。伴随着全球文化交流越来越紧密，美国生活方式、日本生活方式开始逐渐影响我国人，特别是家庭富足的年轻人。他们乐于接受新奇的事物、新鲜的生活方式，开始学习滑板，了解街头文化，购买 Supreme、AIR JORDAN、Stussy、VANS、BAPE 等潮流品牌。越来越多年轻人开始追求个性、追求与众不同，常见的耐克、阿迪达斯已经很难满足他们，Supreme 成为这些年轻人新的选择。但实际上，胸前一个硕大的"对勾"（耐克的标志）、"三道杠"（阿迪达斯的标志）与红底白字的 Supreme 标志没有本质区别，只是不同的人需要不同的"身份符号"而已。

如今，越来越多的年轻人开始穿 Supreme，就像 20 年前的年轻人穿耐克、阿迪达斯一样。引爆潮流的水不停地加热，直到出现了嘻哈乐节目，水于是沸腾，Supreme 在我国被彻底引爆。这一过程与马尔科姆·格拉德威尔

（Malcolm Gladwell）在《引爆点：如何引发流行》一书中介绍的暇步士风靡的过程非常相似[1]。

不仅是服装这一传统行业的产品符合这个规律，科技行业的产品引爆流行也符合。

比特币：密码朋克文化的结晶

就在詹姆斯·杰比亚创立 Supreme 的前一年——1993 年，《连线》（Wired）的一期杂志的封面刊登了三个头戴面具的男子（见图 6），他们是用强密码技术，保障个人自由和隐私，使其免受外在力量攻击的极客，《连线》杂志称他们为"密码叛逆者"，他们则称自己为"密码朋克（cypherpunk）"。

图 6　1993 年《连线》一期杂志封面

《连线》杂志刊登的前一年，身为英特尔高级专家的蒂姆·梅（Tim May）[2]在美国加州的家里举办一场活动。蒂姆·梅邀请自己的极客朋友们一起探讨

---

[1] 暇步士先是被美国纽约曼哈顿东区和苏荷区的年轻人喜爱，再由纽约时装设计师引爆流行。

[2] 三个戴面具的封面人物之一。

如何保护互联网用户的隐私。极客们达成共识，并开始每月一次的会议，他们在约翰·吉尔莫（John Gilmore）⊖的公司碰面，大多时候讨论编程和密码学。组织里的一名女黑客——朱迪·米尔洪（Jude Milhon），将"密码"（cipher）和"赛博朋克"（cyberpunk⊜）两个词结合在一起，赋予了组织新名字：密码朋克（cypherpunk）。

同年，蒂姆·梅就在网络上发起了加密的密码朋克邮件组。在随后的岁月里，包括大卫·乔姆（David Chaum）⊜、戴伟（Wei-Dai）⊛、哈尔·芬尼（Hal Finney）⊠、蒂姆·伯纳斯·李（Tim-Berners Lee）⊗、布拉姆·科恩（Bram Cohen）⊕、尼克·萨博（Nick Szabo）⊘、中本聪（Satoshi Nakamoto）⊙在内的超过 1 400 名全球顶尖专家都加入了邮件组列表。这些密码学、电子货币及互联网技术的极客们，讨论的话题包括数学、加密技术、计算机技术和哲学等，也包括私人问题。密码朋克提倡使用强加密算法，宣扬个体保持安全的私人性。

伴随着 RSA 算法、椭圆加密算法（ECC）、零知识证明、盲签名技术、HTTP（超文本传输协议）、BitTorrent 协议、Kademlia 算法等的发明，2008 年 11 月 1 日，中本聪在这个密码朋克邮件组里发表了《比特币：一种点对点的

⊖ 《连线》杂志三个戴面具的封面人物之一。
⊜ 一种科幻小说类型。
⊜ 盲签名技术发明者，数字现金 eCash 创始人。
⊛ 发明了 B-money。
⊠ PGP 加密核心参与者，PoW 前身 RpoW（可重复使用的工作量证明）的发明者。
⊗ 万维网发明者。
⊕ 开发了 BitTorrent 协议。
⊘ BitGold 发明人，智能合约的发明人。
⊙ 比特币发起者。

电子现金系统》论文，他巧妙地运用了密码朋克们讨论的各种加密技术，提出了比特币的构想。论文迅速获得了密码朋克圈知名人物哈尔·芬尼的关注，他给中本聪提了很多建议。此后，哈尔·芬尼还成为第一个接收比特币的人，他与中本聪完成了第一笔比特币转账，收获了 10 个比特币。

与《比特币：一种点对点的电子现金系统》同时诞生的还有 BitcoinTalk 论坛，中本聪会在这个论坛更新比特币客户端；也会与比特币爱好者互动，回答他们对于比特币的问题；还会通过加密邮件的方式与其他人沟通。这些内容不仅聚集了一批在比特币后续发展过程中发挥至关重要作用的人物，比如第一个用比特币交易实物商品赋予其真实价值的拉斯洛·韩内奇（Laszlo Hanyecz），中本聪的继任者加文·安德森（Gavin Andresen），电驴、恒星（Stella）、Ripple 的联合创始人杰德·麦卡勒布（Jed McCaleb），比特币早期推广者、创立了 Bitshare、Steemit、EOS 等知名区块链项目的丹·拉雷默（Dan Larimer，网名 BM）……还成为诠释比特币精妙设计的重要素材。

在比特币诞生的 10 余年间，伴随着精妙的设计、自由主义思想、巨大的财富效应，其知名度迅速从密码朋克圈到极客圈、金融圈再到街头巷闻。它虽然如此流行，起点却是当年那个叫"密码朋克"的极客群体。

无论是 Supreme，还是比特币，它们的流行都存在着某种共同规律。首先，它们并非常规意义上的满足人们的基础需求，而是满足比衣、食、住、行更高的文化需求；其次，它们都是先在一个小圈子里风靡，成为一小群人的喜好之物；再次，即使是在一小群人中流行，这些人群发挥的作用也不是均等的，仍然存在更小的一部分更具影响力的用户；最后，这些群体并非采用传统意义的广告营销手段不断扩大影响力，而是通过文字、图片、视频等内容和线下活动将人们聚集在一起。

另一种定位：占据小众人群的心智

由杰克·特劳特（Jack Trout）和艾·里斯（AI Ries）合著的《定位：争夺用户心智的战争》被称为"有史以来对美国营销影响最大的观念"和"史上百本最佳商业经典"第一名（《财富》2009年评选）。定位理论认为，一个产品在开始就要在客户脑海里占据一个真正有价值的位置，这种位置往往体现在品牌层面。书中用较大篇幅强调品类，认为品牌就是某个品类的代表，建立品牌要实现品牌对某个品类的主导，成为品类第一。当消费者想到消费某个品类时，立即想到某个品牌，这就是真正建立了品牌。比如20世纪三四十年代七喜汽水的"非可乐"定位策略助其快速取得了成效，在第一年的销售量提高了10%，而且以后每年都有所增加，销售额从8 770万美元增加到1.9亿美元以上。

然而进入互联网时代，"成为品类第一"的定位方式遇到了问题。喜茶创始人聂云宸在IDG资本的"新消费时代峰会"上曾说道："当时我们首创芝士奶盖茶，很想让消费者知道这一点，于是就在广告语中写了'喜茶是芝士奶盖茶的首创者'。但我们发现这种宣传很无力，其实消费者买产品很多时候是找共鸣的。后来，喜茶的宣传语就调整为'一杯喜茶激发一份灵感'"。

随着互联网技术带来的改变渗透我们生活的方方面面，支付就用支付宝等具象到用户使用场景的定位已经屡见不鲜，原先"喜茶是芝士奶盖茶的首创者"这个占据品类的定位并没有给喜茶带来好的效果，反而强调使用场景和感受的定位使喜茶收获了成功，难道定位理论在互联网时代失效了吗？并不是失效，而是用户心智发生了变化。《定位》一书的副标题是"争夺用户心智的战争"，书中也多次强调占据用户的心智，因为这是定位的本质，书中提到的占据品类第一，其实是占据心智的一条路径。随着互联网的普及和经济的发展，我们看到还有另一条路径可以占据心智——成为文化的重要符号。因为，人的心智除了视觉、听觉、嗅觉、味觉、感觉外，还有喜、怒、哀、乐等情感类的心智，当人们的物质需求均得到满足后，精神文化需求需要被进一步满足，于是我们看到出现了一批类似Supreme的品牌，它们并不代表某一个品类（它们不是潮流服饰品类），但却是某一类文化的重要符号（如街头文化的符号），这个重要符号往往是喜好这类产品的人群的身份象征。因此，只要是满足人们精神文化需求的产品，同样可以占据人们的心智，成为一个独特的品牌。

从功能创新到孕育"潮流"

通常我们认为，产品创新是至关重要的事情，因此，绝大多数企业都在努力创新，并将创新之处作为"卖点"，在目标用户中进行反复曝光，以使他们在某个场景下使用该产品。比如要在洗衣服的同时让衣物更柔软，我会在商场、超市或者电商平台，挑选雕牌洗衣液；想要一双既能跑步又可以日常穿的鞋，我会购买搭载了Boost技术的阿迪达斯运动鞋；在超市面对琳琅满目的各种饮品，想买回味无穷的碳酸饮料，但厌倦了可口可乐的口味，我于是购买了七喜。上述经历都反映出产品通过某个特点的反复曝光，最终形成了在特定场景下的购买的转化。这是占据用户心智的一条路径。

泡泡玛特、Supreme、比特币的故事向我们展示了占据用户心智的另一条路径：先满足一类用户的精神文化需求，让产品先在一个小圈子里风靡，成为一小群人的喜好之物，然后更多的人发现身边人都在穿，都在用这些商品，于是产生好奇心，开始尝试模仿这些人的穿搭、吃喝、玩乐。随着人数的增多，更多人开始逐渐接受这一"新鲜事物"，于是出现突然一群人都穿××、突然一群人都吃××、突然一群人都玩××、突然一群人都用××的现象。于是，形成了一股潮流。

海洋之中暗流汹涌，它们有的短暂，有的持久，有的被更大的暗流所裹挟，但肉眼能看到的、真正形成潮流的，仅是极少数。这与先入圈再出圈的道理相同，圈子有成千上万个，入到圈子里又能出圈的是极少数。因此，我借用"潮流"一词来形容这类现象，先入圈，再出圈，最终形成一股潮流。

那么，是什么让暗流冲出水面变为潮流，其孕育过程有什么规律吗？我在分析泡泡玛特、Supreme、比特币、B站、霸蛮湖南米粉、喜茶、摇滚乐、lululemon、虎扑、得物App等流行规律的基础上，总结出四个重要的元素：文化需求、小众人群、超级用户、链接关系。

孕育"潮流"的四要素

文化需求

人类的需求是支撑一个产品从无到有、从小到大的根由，而人类的需求本身是极其复杂的，即使看起来是同一件事物，用户的需求点也可能完全不同。以每个人的生活必需品"服装"为例，数十万年前，人类用野兽皮毛、杂草、树叶、骨头和贝壳制作衣服，用于防寒保暖，抵御虫子的侵扰。随着人类社会的发展，人们开始用绵、布、草等材料制作衣服，这样的服装质地更好，重量更轻，更加保暖御寒，进而出现了专职设计制作服装的匠人，服装也开始出现了分化。

再后来人们对服装的功能也有了更多的需求，在不同场景下需要穿不同的服装，有正式场合穿的正装，有日常穿的休闲服装，有运动时穿的运动服，有睡觉时穿的睡衣，还有衬衫、T恤、夹克、卫衣、西服、风衣、冲锋衣等各种类型的服装。

而在滑板爱好者心中，服装有着另一层含义。我曾问过一个"90后"潮人，Supreme在款式、材质方面与其他服装有什么差异，他的答案是"没有"。在他看来，Supreme与其他服装最大的差别在于Supreme这个标志，贴上这个标志就意味着获得了进入他们圈子的通行证，意味着与其他人不同。因此，无论是服装箱包，还是创可贴、饼干、报纸、砖头，只要贴上了Supreme的标志，就变得与众不同。而这种与众不同的起点是滑板文化，喜好滑板运动的人，穿着Supreme服装、使用Supreme的商品、在Supreme门店聚会，久而久之，Supreme成了年轻人的身份象征。

图7　Supreme品牌标志

比特币的故事与Supreme也有相似之处。它在最早出现的时候，其精妙的架构吸引了众多程序员，他们下载其客户端，分析客户端的代码，研究原理……在当时，这一切与交易无关，他们仅仅是被其背后一行行的代码所吸引。

在很长一段时间里，我们关注的是吃饱、穿暖、有房住、有车坐等基础需求，而忽视了兴趣爱好。事实上，几乎所有人在工作、学习之余，都有着不同的爱好，有的人喜欢唱歌、读书、看电影，有的人喜欢跑步、健身、练瑜伽，有的人喜欢玩滑板，有的人喜欢钻研代码或者数学理论。Supreme、比特币的故事告诉我们，兴趣爱好类的文化需求同样可以创造巨大的价值。

随着我国经济的快速发展，越来越多的人解决了吃饱、穿暖的基础需求后，对于兴趣爱好类的需求突显。事实上，本书提到的诸多案例都因这类需求而起，并逐渐创造出巨大的价值。

小众人群

基础需求涵盖了衣、食、住、行等方面，属于大众性需求，每个人都需要，也就几乎不存在圈子。文化需求则不然，这类需求是完全个性化的、碎片化的。我国有句俗语叫"物以类聚，人以群分"，是指有相同喜好的人会聚集在一起，而有这类需求的人群的聚集规模相比基础需求往往是小规模的，因此，我们用"小众人群"描述这类需求群体。创造 Supreme 的纽约滑板爱好者是小众人群，创造比特币的互联网极客"密码朋克"也是小众人群。这些产品都是从小众人群开始风靡，再走进大众的视线。

从小众人群开始风靡，再走进大众视线也是我们熟知的很多产品成功的秘密，无论在传统行业还是在互联网界都屡见不鲜，如市值 300 亿美元的瑜伽运动品牌 lululemon，曾有过瑜伽爱好者爱不释手、非瑜伽爱好者闻所未闻的局面；Facebook、Snapchat、领英、Slack 等百亿美元市值的互联网产品也是沿着先小众再大众的路径发展起来的。

小众人群的内核是文化需求，这是实时变化的，随着小众人群规模的壮大，小众人群中经常会分裂出另一类或几类小众人群，如体育网站虎扑会孕育出潮流 App "得物"，瑜伽运动会孕育出"冥想"，这些分裂出来的小众人群同样具有极大的商业价值。

事实上，从小到大是世间万物的运行规律，企业组织及产品概莫能外。

扎根小众，才有机会成为大众。

超级用户

在Supreme流行的过程中，杰森·蒂尔、亚伦·邦达洛夫、吉奥·埃斯特维斯、阿基拉·莫瓦特、Gimme 5、藤原浩起到了极其重要的作用；在比特币的故事里，同样存在哈尔·芬尼、戴伟、加文·安德森等一批更具影响力的人，他们因为进入该领域的时间较早或有较强的专业性，成了小众人群中的意见领袖，我们可以称他们为"超级用户"。

在事物流行的过程中，绝大多数人是跟风者，极少数的超级用户具有极大的影响力，他们的一言一行影响着整个小众人群。在比特币的故事里，因为哈尔·芬尼的关注和认同，才有了后面更多的"密码朋克"开始关注比特币，而互联网、智能手机、社交媒体的出现，更是增强了这一影响力。

因此，从影响小众人群的效率角度来看，与其触及小众人群中的所有人，不如尽可能地影响小众人群中的超级用户，进而借助超级用户影响整个小众人群。

链接关系

Supreme通过线下店铺的聚会和原汁原味的滑板运动笼络了大量滑板爱好者，比特币通过中本聪及其他比特币爱好者贡献的内容吸引了极客，这与我们认知中的投放广告有很大的差别。满足大众人群的基础需求的产品需要尽可能影响更多人，广告无疑是更好的传播方式，无论是通过平面广告、电视广告，还是互联网广告，如果触达更多的人，就有可能销售更多的这类产品，即针对大众的营销方向是追求广度。

而影响小众人群需要的是深度，小众人群因志趣相投聚集在一起，支撑他们有相同喜好的文化需求是他们的黏合剂。很难想象仅有 5 秒或 15 秒的广告就能将一种独特的文化传递出去，持续性的、可以体现出小众文化的内容输出，以及动辄数个小时、可以做深度交流的线下聚会才是触达小众人群更有效的方式。

在互联网出现之前，链接关系所依靠的持续性的有深度的内容、线下聚会都有着异常明显的瓶颈，很难形成规模。幸运的是互联网出现了，在互联网时代，一旦在超级用户中建立了足够的影响力，就可以借助互联网带来的奇妙的网络效应，快速形成潮流。

"潮流"的由来和孕育"潮流"的全过程

孕育"潮流"可以说是文化需求、小众人群、超级用户、链接关系四个要素综合作用的结果，这四个要素背后都有理论支撑。在文化需求中运用了第二曲线理论，将人的需求分成基础需求、文化需求两条曲线，小众人群的核心逻辑是利基市场战略，而人类的模仿天性让超级用户的价值进一步凸显，链接关系行之有效是因为强大的网络效应。这几个理论组合在一起，形成"潮流"的方法论。我将在本书后面的章节里，详细讲述它们之间的关系。

让我先用一张图帮助大家更形象地理解文化需求、小众人群、超级用户、链接关系四者之间的关系（见图 8）。

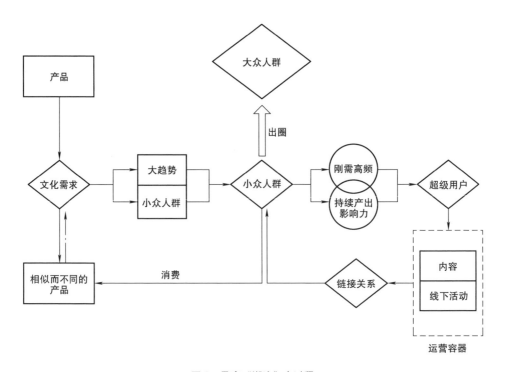

图 8 孕育"潮流"全过程

我们所介绍的借助互联网低成本获取用户,并不是指每个用户的获取成本都很低,而是指以相对高的成本获得超级用户,通过内容、线下活动等手段促使他们与小众人群建立更紧密的关系,再借由他们在某一类文化中的影响力,以极低成本获得更多用户的关注,平均后,获得每个用户的成本不高。这也是孕育"潮流"的价值,通过行之有效的方法,在互联网时代以更低的成本获得更大的用户群,从而创造更大的商业价值。本书后面的章节将从文化需求、小众人群、超级用户、链接关系四个维度详细讲解孕育"潮流"的这一过程。

这一切要从 20 世纪 80 年代,美国体育运动品牌耐克如何止住业绩下滑颓势,二次腾飞说起。

第1章
文化需求

1.1 从功能到文化：耐克华丽转身的故事

1972年，菲尔·奈特（Phil Knight）和他的田径教练比尔·鲍尔曼（Bill Bowerman）共同创立了耐克（Nike）公司⊖，Nike英文的原意是希腊神话中的胜利女神。菲尔·奈特为公司还创造了一个独特的标志Swoosh（意为"嗖的一声"，见图1-1），每个耐克的产品上都印有这个标志，极为醒目。

图1-1　菲尔·奈特创造的标志

原本是田径运动员的菲尔·奈特一直梦想着生产出能击败当时最畅销的阿迪达斯（Adidas）运动鞋的产品。他的合伙人比尔·鲍尔曼无意间看到华夫饼的凹槽中聚集了大量糖浆，由此获得灵感，利用华夫饼的烤盘，设计出

⊖ 说明：本书提及的品牌旨在向读者介绍品牌存在文化属性这一现象，并介绍其出圈经历，并不意味着赞同品牌的一切经营方式、态度、观点或刻意宣传该品牌。——作者注

了易弯曲且有弹性的轻质橡胶材料，其表面呈凸起的网格状，可以让鞋在没有金属鞋钉的情况下，依然具有很强的抓地力○。1972年，耐克开始生产这种名为科特兹（Cortez）的跑鞋，也就是电影《阿甘正传》里阿甘穿的那种鞋（见图1-2）。

图1-2　电影《阿甘正传》阿甘手拿科特兹跑鞋

凭借菲尔·奈特和比尔·鲍尔曼在跑步圈的影响力，耐克跑鞋获得了不错的销量，但真正的爆发来自耐克的代言人史蒂夫·普雷方丹（Steve Prefontaine），他曾握有美国从2 000米到10 000米七个项目的纪录并登上了《体育画报》的封面，被誉为"美国长跑奇才"○。1973年夏天，他成为耐克的全美公关总监，跑到美国很多地区与运动员们分享训练经验，激励运动员们并介绍耐克跑鞋。他还常常会给跑步运动员赠送耐克科特兹跑鞋，在鞋盒里放上一张纸条，上面写着"试试吧，你会爱上它的"。

20世纪70年代，耐克创造了惊人的业绩，1979年，耐克的销售额超过了阿迪达斯。在此期间，耐克还创造了畅销至今的气垫技术，这也是耐克历

○ 资料来源：《比尔·鲍尔曼——耐克最初的创新者》，http://www.nikeinc.com.cn/html/page-1300.html。

○ 《鞋狗：耐克创始人菲尔·奈特亲笔自传》。[美]菲尔·奈特著，毛大庆译，北京联合出版公司。

史上最重要的一项技术。一个叫弗兰克·鲁迪（Frank Rudy）的前航天工程师，发现 NASA（美国国家航空航天局）的气垫技术不仅能用于太空，还能用于地面。只要把这种空气缓冲技术用于制造鞋底，就可以大大减少地面和脚之间的反作用力，减少冲击和运动的伤害。他将这项技术先后推荐给鞋业龙头，均被拒绝。直到 1977 年，弗兰克·鲁迪才知道耐克，并辗转见到了菲尔·奈特。菲尔·奈特原本认为这是他听过的最愚蠢的建议，几百年来，科技对鞋的影响不大，更多是在材质、款式等方面的变化，NASA 更是一个非常遥远的词汇，弗兰克·鲁迪带来的鞋的样品又大又重，鞋底还有一个诡异的加压囊。不过一直喜好新鲜事物的菲尔·奈特还是试验了一下，他穿着这双鞋跑了 10 公里，发现："虽然还有很多不完善的地方，不过这双鞋真的让我有腾空的感觉。"最终菲尔·奈特决定与弗兰克·鲁迪合作开发气垫鞋，这是耐克发展过程中最重要的球鞋技术。

1979 年，首款搭载 Air Sole ⊖ 的跑步鞋 Air Tailwind 正式进入市场。

然而已生产 35 亿个 ⊜ 的气垫并未成为耐克再次爆发的助推器。20 世纪 80 年代，耐克遭遇极大的挑战。

1980 年，耐克成功 IPO（首次公开募股），并迅速成了华尔街的宠儿；然而到了 1984 年，耐克保持了 5 年之久、高达 44% 的年增长率结束，利润在 1983 年到 1985 年下降了 80% 以上 ⊜。与此同时，其他运动品牌给耐克带来更大

⊖ Air Sole 是耐克的第一代气垫，Air Max 和 Air Sole 的最大区别在于下调气压，并且加入了气柱，这使得 Air Max 的穿着感有了很大的提升。

⊜ flightclub 中文站，《你一定不知道 Nike 一共生产了多少个 Air 气垫！》，2017 年 3 月，http://www.flightclub.cn/news/a/sneaker/2017/0301/35504.html。

⊜ 《文化战略：以创新的意识形态构建独特的文化品牌》，[美] 道格拉斯·霍尔特、[美] 道格拉斯·卡梅隆，商务印书馆出版。

的挑战，比如锐步（Reebok）。锐步的历史可以追溯到1895年，约瑟夫·福斯特（Joseph William Foster）出于对短跑运动的热爱，亲自动手尝试着将钉子安在鞋上，做出当时享誉世界的第一双带钉鞋——福斯特跑鞋。1958年，福斯特的两个孙子将"福斯特"这一品牌名称及商标更改为"锐步（Reebok源自非洲土语，是一种体积小、奔跑速度极快的非洲小羚羊）"。到了1979年，一位美国户外器材经营者保罗·法尔曼（Paul Fireman）取得了锐步在北美的经营权，开始拓展美国市场。1982年，锐步推出了第一款专为女性设计的运动鞋，十分适合当时的热门健身运动——有氧操，这款命名为Freestyle的运动鞋成了当时最畅销的运动鞋。同时，锐步在运动休闲领域也展现出巨大的竞争力，其销售额从1981年的150万美元升至1985年的3.07亿美元。更让人难以置信的是，锐步的销售额在其后一年内翻了三番，在1986年达到9.19亿美元。1987年，锐步以14亿美元的销售额超过了耐克9亿美元的年销售额，成为全球第一运动鞋品牌。

实际上，耐克也在积极拓展自己的市场，跟随锐步开拓女性人群和青少年群体，推出了功能更强大、与锐步类似的运动休闲产品，同时积极拓展篮球、网球等专业领域。1982年，耐克首次将Air Sole气垫技术用于篮球鞋领域，由设计大师布鲁斯·基尔格（Bruce Kilgore，他曾参与克莱斯勒K系车的设计）操刀，推出了著名的AIR FORCE 1（空军一号），为此耐克也挑选了6位NBA球星[一]担任代言，并拍摄了著名的形象海报。海报上，6位球星身着空军服装展示出AIR FORCE 1的六大要素：宏大、耐久、超越、豪迈、连贯及纯粹，而这6位球星也被后世誉为"最初六人"（见图1-3）。

[一] 6位球星分别是：摩西·马龙（曾经的最强高中生）、迈克尔·库珀（湖人队名宿）、贾马尔·威尔克斯（湖人队名宿）、鲍比·琼斯（NBA第一位最佳第六人）、米切尔·汤普森（著名NBA球星，克莱·汤普森的父亲）和卡尔文·奈特。

第1章 文化需求

图1-3 AIR FORCE 1"最初六人"宣传海报

虽然邀请了6位NBA球星代言,但AIR FORCE 1在最初的两年里并没有受到欢迎,到2019年年底已经推出2 000多个配色的AIR FORCE 1在当时却被认为是"最丑的鞋"。1984年,由于生产能力的问题,耐克一度计划停产该鞋款。

1984年,耐克完成了重要的一笔代言人合约——以250万美元签约迈克尔·乔丹(Michael Jordan,篮球运动史上最具影响力的篮球运动员之一)5年。为此,耐克推出了"AIR JORDAN"的乔丹专属品牌。其第一款产品采用皮革面料、橡胶底,同时采用了AirSole气垫技术(见图1-4)。在白色球鞋"统治"篮球场的时代,这款鞋采用乔丹所在的芝加哥公牛队队服的红白配色。耐克还花重金打造了乔丹广告,广告中乔丹高高跃起,缓缓划过天空,完成其最经典的扣篮动作,并配以那句经典的"谁说人类不能飞翔(Who Said Man Was Not Meant To Fly)?"

图 1-4　第一代 AIR JORDAN 篮球鞋

然而，耐克大手笔的投入并没有拯救耐克的业绩，强调功能性的营销策略并不奏效，耐克的整体业绩持续下滑。到了 1987 年，耐克被锐步超越。耐克并未成为篮球运动场的领先者，那时更主流的是匡威（Converse）、锐步。匡威签约了魔术师约翰逊（Earvin Johnson）和大鸟伯德（Larry Bird）两位 20 世纪 80 年代 NBA 球星，锐步也将更多技术应用到篮球鞋上。NBA 球星迪·布朗（Dee Brown）曾穿着使用了 Pump 技术⊖ 的 Blacktop 系列篮球鞋（见图 1-5），在 NBA 全明星扣篮大赛惊艳亮相。该款球鞋在问世后的 18 个月内，销量达到了 400 万双。

图 1-5　锐步 Blacktop 系列篮球鞋

⊖ Pump 技术，1989 年由锐步公司研发，它最突出的特点是让鞋体拥有一个自动成型的气囊，运动时会自动充气，达到一定压力值就会停止充气，相当于为每一双脚提供个性化的气囊，让运动变得更加舒适。

第 1 章 文化需求

耐克下滑的局势从 1988 年下半年开始扭转，那时它们请了波特兰广告公司，采用全新的人文路线，替代之前侧重技术优势介绍的产品推广方法，发布一系列"Just Do It"（只管去做）广告。一支广告的主人公是年过 80 岁的沃尔特·斯塔克，他坚持每天训练，跑过金门大桥，聊着每天跑 17 英里（1 英里 =1.609344 千米）的跑步爱好，最后跳入大海中游泳。这位当时美国年龄最大的马拉松运动员用自己的行动展现出他对运动的坚持和热爱。另一支广告的主人公是 42 岁的普利西奇·韦尔奇，广告讲述普通人通过持续锻炼最终获得了纽约市马拉松比赛冠军的故事。此外还有广告讲述截瘫者进行轮椅网球、轮椅篮球运动的故事。

耐克通过讲述"普通人"运动的故事，创造了销售神话，开始在与锐步等品牌的竞争中扭转局面。例如，锐步的业绩依然快速增长，并在 1991 年取得 27 亿美元的销售佳绩，但新颖的技术、创新的产品并没有帮助锐步再攀高峰。即使签约了球星沙奎尔·奥尼尔（Shaquille O'Neal）、艾伦·艾佛森（Allen Iverson）和姚明，锐步的式微也没有停止。2006 年，锐步被阿迪达斯收购，品牌影响力逐步下降。

而采用人文广告战略的耐克像"在气垫鞋里注入了神奇气体"，一飞冲天。20 世纪 80 年代末期，原本在中产阶级家庭长大的迈克尔·乔丹被塑造成从贫民窟走出来的非洲裔美国人，演绎出一段"美国梦"的传奇经历，随后耐克将讲故事的能力延伸到足球、高尔夫球、田径等众多领域，并逐渐成为全球第一运动品牌。苹果公司前 CEO 史蒂夫·乔布斯（Steve Jobs）极其推崇耐克的广告，1997 年 9 月 23 日，距离他回归苹果公司不到 2 个月，他在公司内部发表的一次演讲中，讲解了他对"最棒的营销案例""营销界史无前例最强者"耐克的理解⊖:"耐克销售商品,销售鞋子。当你想到耐克时,与想到其他鞋子企业时,感觉是不同的。在耐克的广告中,它们不谈论自己的产品,甚至不谈论 Air Sole 气垫技术,也不谈论自己的 Air Sole 气垫技术比锐步的空气鞋垫好多少。耐克在广告中谈什么呢?它们纪念'伟大'的运动员。"

耐克从强调产品功能到讲述人文故事的转变,实际上是满足了用户不断变化的需求,即消费者不断增加的文化需求。

1.2 文化需求:用户需求的"第二曲线"

马斯洛需求层次理论将人的需求分为生理(Physiological)需求、安全(Safety)需求、爱和归属(Love and belonging)需求、尊重(Esteem)需求和自我实现(Self-actualization)需求五类(见图 1-6)。

图 1-6 马斯洛需求层次理论

⊖ 《1997 年,乔布斯回归苹果后,内部演讲,什么是 think different》,https://v.youku.com/v_show/id_XMjE5MzU5MTMwMA==.html。

但实际上，就群体而言可以划分为两类需求，一类是安全、生理类的基础需求，这些需求会满足人的基本生存需要，一类是社交、尊重、自我实现方面的高级需求。根据马斯洛需求层以理论，当一个人低一级的需求满足后就会开启下一级需求。同样的道理，当基础需求被满足后，越来越多的人会追求更高层级的需求，比如身份、精神、文化等方面。商品的满足基础需求的使用价值对于重视身份、精神、文化等需求的人来说，显得没那么重要，他们关注的是商品背后的文化特质，包括商品的历史、品牌的故事、品牌的身份象征。与其说他们在消费商品，不如说是在消费文化；他们不会为一双普通的耐克鞋买单，却会求购上万元的 Travis Scott × Air Jordan 1 联名款运动鞋（见图 1-7）。

图 1-7　求购 Travis Scott×Air Jordan 联名款运动鞋页面

下面我们来了解一下"第二曲线"的概念。"第二曲线"是"管理哲学家"查尔斯·汉迪（Charles Handy）在其著作《第二曲线：跨越"S形曲线"的二次增长》中提出的，他认为一切个体或者组织，包括企业、政府、社会、民族、国家的发展都逃不开S形曲线。开始是潜伏期，然后是爆发性增长并达到顶峰，继而开始衰退直到灭亡，这是自然规律。对个体或组织而言，如果想持续发展，应该在S形曲线发展到顶峰前，找到再度腾飞的"第二曲线"（见图1-8），从而实现持续增长。

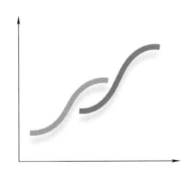

图1-8 "第二曲线"示例

很多知名企业的发展都经历了"第二曲线"的过程。如在线影片服务商Netflix（奈飞）的第一曲线主要是经营在线租赁DVD业务；在2007年前后，Netflix推出第一款流媒体产品"Watch Now"，开启了电影压缩包在线售卖业务；2013年，Netflix再度开启原创内容业务，推出了以《纸牌屋》为代表的一系列原创剧集，实现了连续7个季度30%以上的增长，成为全球最大的娱乐供应商。

Netflix的发展过程是"第二曲线"在企业层面应用的例子，如果我们将"第二曲线"引申到个体即用户需求层面，则人们的基础需求是第一条S形曲线，当基础需求被满足后，第二条曲线——文化需求——就出现了。

第1章 文化需求

在解释用户、产品、营销三者关系时，我认为营销是把产品功能翻译成用户需求的过程，拥有同样功能的产品因为"翻译"方式的不同，在用户认知层面会出现巨大的差异，从而在满足人们不同层面的需求方面产生差异。比如脑白金，其主要成分是褪黑素，主要用于调节激素，改善睡眠，但巨人集团将这种特点"翻译"成逢年过节送长辈的礼品。再比如8848钛金手机，原本是装载了安卓系统的智能手机，但经过营销语言的"翻译"，变成成功人士的身份标签，其海报上的宣传语是"向成功的人生致敬"。耐克并没有重大的技术创新，而是将20世纪70年代发明的更舒适的气垫技术"翻译"成努力拼搏、追求不凡的精神，并用一系列"Just Do It"广告的讲述方法，开启自己经营上的"第二曲线"。

我们回顾耐克的案例可以发现，耐克的第一条S形曲线是：通过新产品研发、新技术应用、明星代言的方式，从传统的运动品牌中脱颖而出。但进入20世纪80年代后，随着竞争对手的强大，耐克原有的运营方式逐渐失效，签约迈克尔·乔丹、研发气垫技术都未能阻止颓势，直到找到了"第二曲线"——满足二战后出生的美国人的文化需求。

我们分析耐克二次腾飞的背景时可以发现，20世纪80年代是美国经济发展极重要的一个时间段。第二次世界大战后，美国经济快速增长，20世纪五六十年代出现了西方经济学家所称的"黄金时代"，国民生产总值从1961年的5233亿美元上升到1971年的10634亿美元[一]。20世纪80年代，经历了20世纪70年代停滞期的美国经济在"里根经济学"的影响下，再度快速增长。与"黄金时代"不同，20世纪80年代后美国经济重心向第三产业和消费转移

[一] 《二战后人类世界的经济增长奇迹：国家崛起的故事》，上林院，杨飞，https://www.sohu.com/a/304509657_114502。

的节奏明显加快。从 1980 年到 1990 年，第三产业占比从 63.6% 提高至 70%。究其原因，一方面，20 世纪 80 年代是二战后"婴儿潮"一代的成年期，适龄劳动力人口增加，催生了大量的消费需求；另一方面，里根政府采取的减税、削减社会福利开支、对电信等自然垄断行业引入竞争、增加研发投资鼓励技术创新、通过贸易立法鼓励出口等提高效率和竞争力的结构调整政策，降低了企业创立的门槛，加剧了各行各业内的竞争，商品层出不穷。

消费能力的增长与商品的过剩，以及 20 世纪五六十年代人们的吃穿住行基础需求被满足后，越来越多精神文化方面的高层级需求开始涌现出来。如果在这样的环境下，企业在营销时继续用介绍产品的独特功能的营销语言，则已经无法满足人们日益增长的精神文化需求。这也就是耐克在 20 世纪 70 年代末~20 世纪 80 年代初刚推出气垫跑鞋、签约迈克尔·乔丹的阶段，其业绩没有大幅上涨，反而受到锐步等竞争对手的挑战，但当推出"Just Do It"系列广告并转向阐述伟大运动员的故事后一举成功的原因。

前文提到的 AIR FORCE 1 的流行同样是因为满足了文化需求。1984 年，耐克一度计划停产 AIR FORCE 1，但有三家鞋店联手愿意以承担每款 1 200 双保底销售量的方式与耐克洽谈，最终让耐克在 1986 年重新开始生产 AIR FORCE 1。

在三家鞋店的力推下，耐克开始在 AIR FORCE 1 上"玩"配色游戏，每个月都会推出一双全新限定配色款式的 AIR FORCE 1，并只在这三家鞋店独家销售。这种营销方式吸引了潮流文化爱好者的欢迎，随后 AIR FORCE 1 成功地与嘻哈、街头篮球等潮流文化结合在一起，成为年轻人的"出街神器"。到 2020 年，AIR FORCE 1 已经发布 2 000 多种款式（见图 1-9），成为全世界最受欢迎的运动鞋。

图 1-9 据识货 App 数据显示 AIR FORCE 1 共有 2 549 种配色

可以说,耐克准确地找到了用户需求的"第二曲线",进而找到了自身发展的"第二曲线",但锐步继续沉浸在介绍产品功能的营销方式而遇到了瓶颈,迟迟无法突破,最终只能被阿迪达斯收购。

1.3 中日两国消费时代的变迁

日本社会消费现象研究者三浦展在其著作《第四消费时代》中用大量数据和资料记录了日本消费行为的变迁。根据三浦展的解析,自 1912 年至今,日本的消费社会的发展大体上经历了四个阶段,即"四个消费时代"。按照时间顺序,简单概括如下:

(1)第一消费时代(1912~1941 年):西方化与大城市倾向明显。由于第一次世界大战带来的大量战时需求，日本经济总体上呈现出较为繁荣的景象。日本东京、大阪等大城市人口开始激增，都市化建设日新月异。受美国"摩登"文化①的影响，街上经常可以见到打扮时尚的女郎，咖喱饭、炸猪排、可乐饼等西餐风靡各大城市。中产阶级逐渐崛起。

（2）第二消费时代（1945~1974年）：家庭消费兴起。这是日本经济快速发展的时期，而工业化的进步也让批量生产商品逐渐渗透生活的各个角落，冰箱、洗衣机、电视先同时普及，小汽车、空调等家庭生活必需品，随后开始普及。在这个时期，消费者并不刻意追求商品的设计与个性，而是崇尚"越大越好"。厂商只需要大规模生产大众化、标准化的产品即可。

（3）第三消费时代（1975~2004年）：个性化消费来袭。随着经济的持续发展与居民收入的不断提升，"为自己消费"意识开始觉醒，个性化、品牌化、高端化、体验式消费快速增长。这个时期的消费主力被称为"新人类一代"（类似美国的二战后一代），他们生于20世纪60年代，在童年时期，家电、汽车等消费品均已普及，他们拥有更加富足的物质基础，再加上追求时尚名牌、崇尚个性、注重体验等特点，让他们对路易威登（LV）的包、香奈儿（Chanel）的腰带、爱马仕（Hermes）的围巾等奢侈品，以及猿人头（bape）等个性化消费品牌有更大的需求。

（4）第四消费时代（2005年至今）：消费回归理性。人口老龄化、消费市场缩小、经济长期不景气，以及地震等自然灾害的侵袭，使日本居民的消费理念从追求个人主义逐渐转变为社会共享意识，并开始推崇简约消费。人们不再注重物质与品牌上的攀比和享受，而是更加理性地选择去品

---

① 该书中认为"摩登"的意思是进步、文化，在衣食住行各个方面，摩登文化被认为是好的。——编者注

牌化与更高性价比的商品，直接表现就是无印良品备受青睐。

从这本书描述的日本的消费社会的四个阶段，我们可以发现，它与美国需求发展的过程很相似，都是在解决了基础消费需求之后，爆发出强烈的文化消费需求，开始追逐品牌、文化、个性化消费。日本因为临近我国，在生活习惯、城市格局上两国有诸多相似之处，因此参考日本消费社会的不同阶段，可以更好地理解我国消费时代的变迁。根据快易数据㊀显示，从1975年开始，日本人均GDP㊁快速增长。1975年人均GDP仅为4 659美元，而1981年人均GDP已经超过1万美元；到2005年，也就是《第四消费时代》一书定义的第四消费时代的开端，人均GDP已经达到3.72万美元。在整个第三消费时代，日本人均GDP上涨了近7倍。

国家统计局网站数据显示㊂，2010年我国人均GDP达到30 808元人民币，突破了4 500美元，达到日本第三消费时代开端的水平；2018年我国人均GDP达到65 534元人民币，接近1万美元。我国幅员辽阔，各地经济发展不均衡，如果把目光集中在发展快速的城市，那么据第一财经整理的2018年我国各城市人均GDP排名㊃显示，我国已经有15个城市的人均GDP超过13万元人民币（约2万美元）（见表1-1），已达到日本20世纪80年代末期水平（日本1987年人均GDP突破2万美元），也就是处于日本的第三消费时代。

㊀ 快易理财网，《中国、日本历年人均GDP数据比较》，https://www.kylc.com/stats/global/yearly_per_country/g_gdp_per_capita/chn-jpn.html。

㊁ GDP，即国内生产总值，指按市场价格计算的一个国家（或地区）所有常住单位在一定时期内生产活动的最终成果，常被公认为衡量国家（或地区）经济状况的最佳指标。

㊂ 国家统计局年度数据查询，http://data.stats.gov.cn/easyquery.htm?cn=C01。

㊃ 《2018中国城市人均GDP排行15强，前三有俩居然是小城》，界面，https://www.jiemian.com/article/2927715.html。

表 1-1 2018 年我国城市人均 GDP 排行榜前 15 名

名次	城市	人均 GDP（万元）	所属地区
1	深圳	19.33	广东
2	东营	19.27	山东
3	鄂尔多斯	18.19	内蒙古
4	无锡	17.46	江苏
5	苏州	17.41	江苏
6	珠海	16.51	广东
7	广州	15.77	广东
8	南京	15.38	江苏
9	常州	14.95	江苏
10	杭州	14.27	浙江
11	北京	13.97	北京
12	长沙	13.89	湖南
13	武汉	13.6	湖北
14	上海	13.51	上海
15	宁波	13.43	浙江

数据来源：第一财经

东兴证券研究所曾根据日本的四个消费时代，总结出我国消费时代的变迁（见表1-2），从中也可以看出我国正处于第三消费时代和第四消费时代的过渡阶段。具体来看，一、二线城市正处于第三消费时代向第四消费时代过渡的阶段，三、四线城市正处于第三消费时代，个性化消费与品牌消费正在快速增长，个性化、多样化、体验式等高层次需求正在涌现出来。

表 1-2 东兴证券研究所发布的我国消费时代的变迁

	时期	经历时长	时代特征及趋势
第一消费时代	1949~1978 年	30 年	新中国成立初期，社会生产力不足，消费首要解决的是基础物质需求
第二消费时代	1979~2008 年	30 年	改革开放，经济发展增速，工业生产力提高，人民的物质生活改善，家电、汽车等逐渐普及
第三消费时代	2008~2017 年	10 年	互联网盛行，网络购物成为主要消费方式，年轻消费者更加看重个人消费和自我欲望的满足
第四消费时代	2018 年以后	—	追求精神消费，健康化、高端化、个性化，共享时代

资料来源：东兴证券研究所

第 1 章 文化需求

耐克在美国市场发生的故事正在我国逐渐显现出来，人们对一件商品的文化需求逐渐取代了对其性价比高的需求。如果仅从基础需求层面考虑，在路边摊上、尾货店里只需要 30 元甚至更少的价钱就能购买一件连帽卫衣，而在前文提到的潮流品牌 Supreme 的店里，颜色相同、款式差别不大的一件连帽卫衣可以卖 8 000 多元（见图 1-10）；同样是销售奶茶，路边的奶茶店门可罗雀，购物商场里的奶茶店每隔一段时间就换一个品牌，然而喜茶店门口却能排起长长的队伍；同样是篮球鞋，科技含量更高的 AIR JORDAN 最新款反而不如 AIR JORDAN 第一代的复刻款⊖……诸如此类现象，我们很难从商品本身的使用价值来解读，而是要从精神、文化、个性化层面来分析这类商品的价值。喜茶创始人聂云宸将需求拆分为衣食住行、吃喝玩乐两类，衣食住行是基础需求，吃喝玩乐是更上层需求。他正是瞄准了这类需求，才有了喜茶的故事。

图 1-10　Supreme 连帽卫衣价格达到 8 399 元（得物 App 数据）

⊖ 复刻款就是"复古运动鞋"，指针对某一个具体的产品，从设计、材质、模板等细节上加以还原，再有所创新，以对当年该款产品表示怀念和敬意。

1.4 喜茶、元气森林：正在爆发的吃喝玩乐需求

奶茶并不是新鲜事物，现制奶茶品牌有蜜雪冰城、一点点、CoCo都可、乐乐茶，瓶装奶茶有乳茶、Meco，但如果说2015年之后，最热门的奶茶品牌，喜茶无疑是其中之一。

起源于广东江门一条名叫江边里的小巷，喜茶用了7年时间，成长为覆盖北京、上海、广州、深圳、成都等城市，拥有总计239家门店，估值90亿元人民币的明星公司（截至2020年年底）。喜茶创始人聂云宸在接受《界面》采访时，把需求拆分为衣食住行、吃喝玩乐两类。他认为衣食住行是刚需，因此消费者会货比三家，会很理性地去消费。所有刚需的产品都是出自平台，比如衣有淘宝，食有美团，行有滴滴；吃喝玩乐是更上层的需求，人吃东西有刚需的一部分，但很多时候我们吃东西不是为了不饿死，而是因为觉得好吃，这就是为什么喜茶会有很多有趣的活动，比如快餐车。活动看起来像玩乐，和喜茶不搭界，但其实那是一个更大的领域。⊖

在聂云宸看来，喜茶应该是一个很酷的品牌，在使茶文化年轻化、国际化、互联网化的基础上，形成一个超越文化和地域的符号和品牌。因此，喜茶的整体设计既需要突出"90后""95后"年轻人的特点，又要符合茶文化。

首先，年轻人感知到喜茶店铺采用了年轻化的整体装修风格，极致、简单（见图1-11），而非像老式茶馆一样选用木头桌椅、茶具。

其次，喜茶会把茶文化中的禅意、灵感等元素融入设计之中，即体现现代元素与禅意、灵感的结合。

⊖ 《[专访]喜茶创始人聂云宸：外界总结我们成功的原因，很多都是错的》，界面，楼婍沁，https://www.jiemian.com/article/3354352.html。

图 1-11　喜茶的店铺设计

再次，喜茶的产品设计也围绕年轻人的喜好，从芝士、草莓、杧果等受年轻人欢迎的食物入手，在产品名字和风格方面着重体现喜茶的品牌元素和风格，推出芝士莓莓、芝士芒芒等深受年轻人喜爱的产品。

最后，针对年轻人喜欢与众不同的特点，喜茶会让新品"偷偷"上市，举办各种跨界营销活动，创造出一种让年轻人欣喜的玩法，满足年轻人在衣食住行以外的吃喝玩乐需求。喜茶建立了一个超过5个人的内容营销团队，通过多变的设计刺激年轻用户，保持年轻用户对喜茶的好感。喜茶的内容会尽量避开网络爆款词汇，不随波逐流，形成年轻人喜好的风格。

正因为满足了年轻人吃喝玩乐的需求，喜茶才有了每店必排队的盛况。有媒体计算过喜茶个别城市门店的月营业额可以达到400万元，也就是说一天可以卖出3 000~4 000杯茶饮，销量是其竞品店的十倍多，甚至也远远超过了肯德基、麦当劳的单店收入水平。

不仅仅是喜茶，主打零糖零脂肪零热量的元气森林同样与文化需求有关。喝过元气森林的人都有过这样的经历，在入口的一瞬间，在冰凉的液体中有气泡冲击口腔带来的刺激感,还带有水果香气和水果甜蜜味道的清新口味,它虽然在宣传素材中强调自己是零脂零糖零热量的苏打气泡水(见图1-12),但提供了和可乐等碳酸饮料一样的饮用体验。然而元气森林与这些饮料又有本质的不同,它不含糖,使人们可以完全享受到"肥宅快乐水"带来的快乐,而又不必担心发胖,于是消费者接受了用常规碳酸饮料两倍的价格享受与常规碳酸饮料相似的体验。

图 1-12 元气森林气泡水

消费者为什么愿意多花钱?仅仅是为了健康吗?如果是为了健康,市面上仍然有其他无糖碳酸饮料和苏打水可供选择。

因为人们不仅有健康生活的需求,还有个性化消费的需求。当人们解决了从无到有的基础需求后,便开始追求那些符合个人喜好,能代表个人主张的需求。对于消费品而言,这种个性化需求常常体现在品牌层面,比如够不够独特、有没有丰富的品牌内核等。

碳酸饮料领域一直都是可乐及可乐衍生品的天下。随着经济的发展,年轻一代成为消费主力军,他们发现这些品牌历史过于悠久,还是长辈的心头所好。品牌商很难说服年轻人购买他们父母日常消费的品牌,年轻人并不是不喜欢喝可乐了,而是希望获得一个足够酷的、属于年轻人的"可乐"。

元气森林满足了他们的需求,还给出了一个受年轻人喜爱的答案:健康。

可以说是新品牌叠加健康才让年轻人甘愿花更多的钱获得与可乐"相似而不同"的产品。

其实不仅是元气森林所在的碳酸饮料领域，三顿半、钟薛高、花西子等新一代消费品牌都是因为年轻一代开始追求足够新潮、足够特别、足够酷的品牌而诞生的，这些新品牌的功能与"前辈们"没有太大的差异，但从需求层面看，在年轻人心中，它们是完全不同的产品。可以说，他们都是"相似而不同"的产品。

种种迹象表明，伴随着衣食住行等基础需求被满足，我们身边越来越多的人开始关注高层级的消费需求。传统的介绍产品功能的方式很难让品牌在激烈的同行业竞争中脱颖而出，只有用创新的方法击中细分人群的文化需求，才有可能开启品牌的"第二曲线"。那么，如何把握这种个性化需求呢？

1.5 文化即品牌，品牌即差异化

2017年7月21日，时尚自媒体"黎贝卡的异想世界"联手MINI独家发售"MINI YOURS加勒比蓝限量版"，100辆定制车在4分钟内售罄，创下了5 000万元销售额，并且所有付款在50分钟内完成的业绩。2016年8月，黎贝卡与故宫文化珠宝合作推联名的"故宫·猫的异想"系列珠宝，4个系列共400件珠宝在20分钟售罄。2017年9月，黎贝卡与法国知名时尚品牌连尼亚（Pierre Lannier）联名推出关爱小狗特别版手表礼盒，销售单价1 700元，400个礼盒在2小时内全部售空。此外，单价超过1 000元的洁碧（Waterpik）水牙线，在当天售出超过1 500台；单价超过2 000元的352空气净化器，在其公众号文章发出后24小时内预订量增加600台左右。

■ 潮流：品牌引爆、出圈背后的秘密

黎贝卡（方夷敏）曾在《南方都市报》当了13年的记者，期间因为喜欢带着其他工作人员购物，且总能买到好货，被誉为办公室的"导购小姐"。2014年10月，黎贝卡创立时尚自媒体"黎贝卡的异想世界"后，撰写了大量有关购物的内容。黎贝卡每天在公众号上会分享穿衣搭配、护肤彩妆、穿衣榜样、好物等购物经验，也开设了"叫醒你的衣柜、好物清单、除草机、包治百病、开箱记"等栏目，内容几乎都与购物相关。因此，黎贝卡的粉丝戏称"黎贝卡的异想世界"公众号为"买买买"公众号，还封黎贝卡为"买买买教主"。但在黎贝卡看来，时尚并不只是"买买买"，而是代表了一种精致的生活态度，让人有足够多的空间去彰显自己的生活态度和个性。

通过长时间的内容积累，黎贝卡收获了大量有经济基础、有时尚品位的中产阶级女性。她还会从鼓励女性独立、关爱自我等角度分享一些自己的思考，从精神层面与这些人建立更深层的连接。

一直以来，我们对于品牌的理解停留在一个名字、一个LOGO（标识）、一句slogan（标语）等具象的形态上，往往忽视了品牌在文化方面的价值，也就是品牌所凝聚的价值观念、生活态度、审美情趣、个性修养、时尚品位、情感诉求等精神象征。传统的品牌塑造逻辑是先有产品再围绕产品塑造品牌，黎贝卡则是通过长期的内容创造出具有独特文化价值的品牌，再将品牌赋能给其他产品，于是便有了与全球顶尖品牌联名的故事。

不仅是黎贝卡，视频自媒体"一条"也沿着这个路径创造了一个融合线上线下的电商平台。"一条"以生活美学为核心，通过在4年间持续不断地讲述生活中的美好事物，汇聚了超过3 500万用户。他们中的大多数人是中产阶级，与黎贝卡的粉丝群体类似，这些人具有强大的消费能力。2018年，"一条"电商收入超过10亿元，客单价超过500元，全年复购率在50%以上。与此相对的是拼多多的客单价仅有 37 元,天猫商城在"双十一"促销期间的客单价是 207 元。值得注意的是,"一条"电商售卖的大多是生活用品、家居用品、电子用品、美妆用品、服饰、美食、图书等在其他平台相对低价的商品。

2018 年下半年,"一条"开始尝试在大型购物中心开设实体店铺——"一条生活馆"(见图 1-13),生活馆中包括图书文创区、美妆洗护区、数码家电区、美食餐厨区、家居生活区、海淘体验区及咖啡区几大区域,消费者只要用手机扫描商品上的"电子价签"就能了解商品的详细图文介绍。除海淘商品外,其他商品都可以在店里直接购买,也可在一条 App 和公众号上下单,由快递人员将商品直接送到家。

图 1-13 一条生活馆

电商一直是我国互联网竞争极为激烈的领域,从淘宝、天猫到京东、拼多多,各大电商平台都在围绕各自的优势展开竞争。从消费者的需求角度来看，线上购物这一基础需求已然达到饱和，于是针对消费者的文化需求设计商业模式不仅是一种创造品牌的路径，更是一种在红海市场进行差异化竞争的方法；从售卖商品的角度来看，一条的商品与淘宝、天猫、京东、拼多多等电商平台上的并没有太大区别，但一条通过内容的运营，建立了一个符合白领调性的品牌，满足中产阶级的文化需求，从而在淘宝、天猫、京东、拼多多等电商平台中脱颖而出，成为一个独特的中产阶级购物平台。

在视频领域也有类似的情况，腾讯视频、爱奇艺、优酷满足了用户从无到有的基础需求，用户跟着版权内容切换平台。《鬼吹灯》在腾讯视频播放，用户就会选择腾讯视频；《乡村爱情》在优酷播放，用户就会跳到优酷；《爱情公寓5》在爱奇艺播放，用户便会选择爱奇艺。而B站却能满足年轻一代的文化需求，努力将自己打造成为年轻一代的文化符号，并成为爱奇艺、优酷、腾讯视频三巨头外，视频领域不可小觑的一股力量（见图1-14）。

图1-14 百度指数显示2019年哔哩哔哩的影响力已经超过爱奇艺、优酷、腾讯视频

哔哩哔哩（以下简称B站）的发展过程以2014年、2018年为分水岭可分为三个阶段，从模仿弹幕视频网站鼻祖——日本的NICO NICO动画（简称N

站）于 2009 年正式上线到 2014 年，B 站运作模式更像是个人网站，通过搬运日系动漫积累了众多二次元内容爱好者和一批内容创作者。从 2014 年到 2018 年，伴随着陈睿的正式加盟，B 站开始企业化运作，借助投资机构的融资和腾讯的版权支持，成为互联网文化的发源地。2018 年以后，B 站推出了"bilibili 创作激励计划"，并购买了众多电影、电视剧的版权，B 站开始被更多人接受。

主导这一切的人是其董事长陈睿。

2014 年，猎豹移动上市后，B 站的天使投资人陈睿离开了猎豹移动，正式成为 B 站的董事长。这位搜狗 CEO 王小川的高中同学从小接触《圣斗士星矢》《龙珠》《灌篮高手》等漫画，是我国早期的日本动漫迷。

2010 年陈睿成为金山网络（也就是后来的猎豹移动）的联合创始人，也是这一年他还成为 B 站的"铁杆用户"之一。即使工作再忙，他每天也要浏览 B 站半个小时。当时我国国内生产总值（GDP）刚刚超过日本排名世界第二，陈睿意识到，当一个国家的经济发展到一个阶段，文化产业必定会出现巨大的发展空间⊖，于是他找到了 B 站创始人徐逸。初次见面，两人兴趣相投，一直聊到深夜 3 点。很快，陈睿成为 B 站的天使投资人，并一直担任 B 站的业务顾问。

因为采用了"让用户上传并为平台贡献高质量的视频内容至关重要"这一 YouTube 的内容产生机制，很多分析人士将 B 站看作中国版的 YouTube，然而 B 站董事长陈睿却在多个报道中提到"B 站最终会是一家文化品牌公司，就像迪士尼最早是一家漫画或电影公司，但最终它是一家文化品牌公司。"

⊖ 《Bilibili 陈睿：我人生的几个节点几乎都和改革开放同拍 | 改革开放 40 周年·生于 1978》，界面，https://www.jiemian.com/article/2438818.html。

正式加入 B 站后，陈睿将一个野蛮生长的网站转变成一家正规化运作的企业。B 站先是购买大量版权内容，下架了大批无版权的内容，之后，又加快了融资节奏。2013 年 10 月，B 站完成了 A 轮数百万美元的融资；一年后 B 站完成了 B 轮数千万美元的融资；2015 年 8 月、11 月，B 站又连续完成了 C 轮、D 轮两轮融资。同时，陈睿将 B 站的核心文化确定为 "community first（社区优先）"，即 B 站做增长的前提是保证社区的核心文化尽量少地被稀释和改变。

为此，B 站刻意控制了用户规模。在很长一段时间内，B 站只在特定的节假日才开放会员注册，并且用户在成为会员之前，要先答 100 道包含各种亚文化的题目，分数及格才能成为会员。一个典型的例子就是一个号称了解二次元文化的 "90 后" 曾告诉我，为了成为 B 站会员，她先后三次参加考试，才涉险过关。这一门槛直到 2019 年 8 月才降低。伴随着 B 站用户规模的扩大，B 站宣布在未来一年的时间里，降低 50% 的会员准入门槛，答题难度明显变低，这才让更多人成为会员，发布弹幕。

B 站这种刻意的限制也卓有成效，据 DT 财经在《我们研究了 B 站，发现它很不"二次元"| DT 数说》文中统计的数据显示，动画、番剧、鬼畜等二次元属性强的内容，在收藏数、投币数、点赞数等可以表现用户认可行为的数据方面遥遥领先于其他常规版块，即使其播放量不及其他常规内容版块。

围绕着文化品牌运营，B 站从一个早期用户心中的 "小破站" 成长为一个月活跃用户数超 1.3 亿人（2019 年 6 月数据）的超级 App，我国每 4 个年轻人中就有 1 个是 B 站用户。据 Questmobile 数据显示，2020 年 3 月，B 站每天活跃用户平均停留时长达到 120 分钟。不仅如此，众多才华横溢的内容创作者入驻 B 站，在他们的努力下，B 站更是从一个二次元文化的聚集地升级为互联网文化的发源地。近些年，许多互联网热门事件都起源于 B 站。

定位理论告诉我们，品牌要努力占据品类的第一名，于是越来越多的企业开拓新品类，成为该品类的第一名。但无论是一条、黎贝卡、B 站，还是前文提到的 Supreme、耐克，从功能层面来看，这些产品与其竞品差异不大，甚至功能可能远远不及竞品（比如一条的电商没有商品评论区），但从品牌层面来看，这些品牌满足了一类用户的文化需求，因此它们成为独特的文化符号。提起一条，也许有人会想起 LOGO，但更多人想起的是一种品质、品位；提起 B 站，也许有人会想起弹幕，但更多人想起的是二次元文化。正是文化内核让这些产品快速从竞品中脱颖而出，成为另一道风景线。那么，品牌要如何挖掘独特的文化需求呢？相对于每个人必需的基础需求，文化需求的种类繁多，人们对文化需求的追求也非常个性化。因此，要想满足文化需求，必然要先找到小众人群。

第 2 章
小众人群

2.1 小众人群：百亿美元公司的成长秘籍

2.1.1 Facebook：一切从哈佛大学的宿舍楼开始

马克·扎克伯格（Mark Zuckberg）18岁那年（2002年），曾开发了一个可以识别音乐口味和爱好的软件（类似现在的个性化推荐），微软想以100万美元的价格收购这个软件，并以25万美元的年薪签下他，让他为微软工作。但他直接回绝了，选择去哈佛大学上学。当时谁都无法预料，2003年，这个年轻人会创造一个覆盖全球三分之一人口（并仍在持续增长）的社交网络——Facebook[1]。

Facebook的故事是从哈佛大学的宿舍楼开始的。2003年10月，马克·扎克伯格和同寝室的达斯汀·莫斯科维茨（Dustin Moskovitz）、克里斯·休斯（Chris Hughes）联合推出了名为facemesh的项目，邀请哈佛大学的同学比较两位同性同学的照片，指出谁的人气最高。这个项目源于马克·扎克伯格"课

---

[1] 《Facebook效应》，大卫·柯克帕特里克著，沈路、梁军、崔筝译，华文出版社出版。

程搭配（Course Match）"的创意，他通过课程让人与感兴趣的人联系在一起，实现了"通过事物把人联系起来"。

为了运营facemesh，马克·扎克伯格设法获取了哈佛大学12间宿舍中9间住宿学生的数码照片。在随后的日子里，facemesh在未公开的情况下吸引了大量哈佛学生的关注，"别人会关注我们的相貌吗？""我们会因为长相被哈佛大学录取吗？"等相貌主题吸引了大量学生，同时也引发了一些讨论，《哈佛深红报》更是评价facemesh为"迎合哈佛学生最低俗的风气"。很快，facemesh被关闭，哈佛大学校内负责纪律的管理委员会也以安全性、版权、隐私问题为由给予马克·扎克伯格留校察看的处分。经历了这场风波后，2004年2月4日下午，购买了thefacebook.com域名的马克·扎克伯格，正式启动了Facebook（见图2-1）。它的主页上写着："Facebook是一个在线目录，它将校内社交圈的人们联系到一起。"网站的首批用户是马克·扎克伯格的邻居，他们收到邮件邀请注册Facebook，建立好友关系。很快邀请邮件被发送至整个宿舍楼的学生，快速吸引了几十人注册。网站上线的第5天，已经有1 000名哈佛学生注册成为Facebook用户。Facebook能快速扩散的一个因素是它像facemesh一样满足了年轻人的社交需求，"捅一下""兴趣小组""发布聚会"等功能让同学之间很容易建立起关系。而Facebook快速扩散的另一个因素是其课程搭配功能，让哈佛学生可以更便捷地选择课程。Facebook恰好诞生在哈佛大学的"采购周（选择下一学期的选修课程）"，很快便在哈佛大学流行起来。

图2-1　Facebook早期LOGO

《哈佛深红报》再次报道了马克·扎克伯格,不同的是这次给予了褒奖。马克·扎克伯格在采访中表示,Facebook 就是为了使每个用户在让朋友加入自己的圈子时可以感觉更棒。两天以后,已经有一半哈佛本科生注册了 Facebook,截至 2004 年 2 月底,注册的本科生已经超过 3/4。而注册 Facebook 的唯一方式是哈佛大学的邮箱。这种严格限制让原本在现实生活中已经存在的好友关系真实反馈到一个线上网站上。

早在 Facebook 上线的第二周,外校的学生就发邮件给马克·扎克伯格,询问他是否能够成为用户。但是 Facebook 需要先弄清楚其他校园邮箱系统的设置方式,才能让该校的学生完成注册流程,然后需要获取课程和宿舍清单,才能开放给这个学校的师生们。这种严格的设计极大地提升了新学校用户的留存,更为重要的是,这种开放过程在一定程度上造成了美国高校学生对 Facebook 的渴望。Facebook 一旦在新学校开放,就会瞬间涌入大量的学生注册,并形成如哈佛大学般的校园讨论热度。从 2004 年 2 月 25 日开始,Facebook 向哥伦比亚大学、斯坦福大学、耶鲁大学依次开放了注册,其中斯坦福大学的盛况是最轰动的,在被《斯坦福校刊》报道前,已经获得了 2 981 名斯坦福大学的注册用户。Facebook 在耶鲁大学、哥伦比亚大学也同样受到追捧,并击败了这两个学校的同类产品。

随后马克·扎克伯格决定拓展到整个常春藤联盟[⊖]学校,Facebook 在这些学校同样受到了学生的追捧。在达特茅斯学院,Facebook 入驻的消息一被公布就有接近一半的学生成为注册用户。

随着常春藤联盟学校的推广,马克·扎克伯格收到了全美各地学生的邮

⊖ 常春藤联盟(Ivy League)是由美国东北部地区哈佛大学、宾夕法尼亚大学、耶鲁大学、普林斯顿大学、哥伦比亚大学、达特茅斯学院、布朗大学及康奈尔大学八所大学组成的联盟。

件，恳请他把 Facebook 带到当地，然而他始终保持着自己的节奏，从全美最知名的院校开始，逐渐向其他院校开放。在以后的岁月里，Facebook 收购了图片社区 Instagram、即时通信软件 WhatsApp 后，一步一步成长为全球最大的互联网公司之一。

事实证明，早期的小规模用户群并没有影响 Facebook 的成长，反而正是从校园起步成就了 Facebook。美国作家大卫·柯克帕特里克（David Kirkpatrick）采访了 Facebook 的创始人、员工、投资人、意向投资人及合作伙伴等与 Facebook 相关的 130 多人，在 2010 年出版了《Facebook 效应》一书，详细揭秘了 Facebook 从诞生到估值超过 200 亿美元的全过程。他分析 Facebook 最终的成功很大程度上归功于它从大学里起步。"那里是人们社交网最密集的地方，通常也是人们一生中最精力充沛地结交朋友的地方。"⊖

2012 年 5 月，Facebook 正式登陆美国纳斯达克，完成了截至 2012 年最大的一宗科技公司 IPO。也是在这一年，Facebook 的挑战者，另一大社交平台，主打"阅后即焚"功能的 Snapchat（色拉布）快速得到年轻人的青睐，有趣的是 Snapchat 也从校园兴起，但是针对的是美国橘郡的一群高中生。

2.1.2　Snapchat：从橘郡高中生开始挑战 Facebook

2012 年年底，Facebook 推出了一款名为 Poke 的社交 App，业界认为其主打的"阅后即焚"功能是"复制"了 2011 年 9 月上线的 Snapchat（见图 2-2）。虽然 Poke 在上线的第二天就登上了 App Store 免费榜的首位，然而仅仅两天，Poke 的排名就急速下滑到 30 名以后，一个月后下滑到 700 名之

⊖ 《Facebook 效应》，大卫·柯克帕特里克著，沈路、梁军、崔筝译，北京：华文出版社出版，2010 年。

外。与之相反，此前拒绝了 Facebook 收购意向的 Snapchat，排名一路飙升。收购不成就"复制"一款新产品的方式让 Facebook 受到了巨大的舆论压力，加之 Poke 的用户数据表现不佳，Facebook 于 2014 年 5 月下线了这个项目。

图 2-2　挑战 Facebook 的 Snapchat

Facebook 觊觎 Snapchat 的重要原因是 Snapchat 聚集了更年轻更活跃的人群——高中生。

Snapchat 是由埃文·斯皮格尔（Evan Spiegel）和鲍比·墨菲（Bobby Murphy）两个斯坦福大学的学生开发的，最初 Snapchat 增长缓慢。一次偶然的机会，埃文·斯皮格尔的母亲向自己在橘郡（Orange County）上学的侄子介绍了 Snapchat，因为她侄子高中学习用的 iPad 禁用了 Facebook，后来在她侄子的带动下，这些高中生就装上了 Snapchat。Snapchat 独特的"阅后即焚"功能让老师无法抓到这些学生在课堂上"传纸条"的证据，学生们"毫无顾忌"地在课堂上"传纸条"，于是 Snapchat 在橘郡高中生中迅速传播起来。2011 年年底，Snapchat 的用户增加到 2 000 多人。

2012 年 1 月，光速投资（Lightspeed Venture Partners）的杰瑞米·刘（Jeremy Liew）从合伙人的女儿那里听说已经在硅谷高中流行起来的 Snapchat，最终决定以 425 万美元的估值向 Snapchat 投资了 48.5 万美元。这之后 Snapchat 的用户规模迅速扩大，到了 2012 年 4 月，Snapchat 的用户增长到 10 万人。

还有一款全球知名的社交 App 也是从校园开始的，其联合创始人兼首席营销官（CMO）每天下午到洛杉矶、圣地亚哥等地的大学举办活动，进行推广。每到一所大学，都能有100个新用户的注册。很快，该App成为美国西海岸校园里非常受欢迎的App，再通过口口相传，以及在App Store排行榜排名的提升，不到一个月的时间，其注册用户就超过了50万人。

2.1.3 利基市场战略

被誉为"现代营销学之父"的菲利普·科特勒（Philip Kotler）曾提出过利基市场（niche market）战略，他在《营销管理》中给利基下的定义是：利基是更窄地确定某些群体，这是一个小市场并且它的需要没有被服务好，或者说"有获取利益的基础"。通过对市场的细分，企业集中力量于某个特定的目标市场，或严格针对一个细分市场，或重点经营一个产品和服务，创造出产品和服务优势。

利基市场战略的核心思想是以一个比较小的产品或服务为起点，集中全部资源攻击很小的一点，在局部形成必胜力量；同时，以一个成本较低的利基产品，尽可能多地占领市场，并逐步建立起强大的壁垒，使其他企业无法模仿或替代，并逐渐实现规模经济，从而延长企业在市场上的领导地位。随着市场的目标用户逐渐增多，对利基市场可以进行进一步细分，企业便可以实现持续增长。

Facebook成长的故事就是由一个典型的利基市场逐渐发展成全球流行产品的故事。用户之间的关系链是社交网络的壁垒，每一个用户都意味着更多的连接机会，用户越多，连接成网络的机会就越大。一旦成为网络，稳定性随之变强，摧毁就需要巨大的成本。

可问题是，对于早期Facebook而言，很难有足够的资源快速获得大批用户，如何充分利用好有限资源获得最大收益，成为包括Facebook在内的每一个早期创业团队的命题。初中物理的压强定律告诉我们，一个人感受到的力量（压强）与力度（力）和受力面积相关。加大力度固然可以增强对力度的感受，减少受力面积同样可以增强对力度的感受。同理，在资源有限的情况下，人数越少，群体属性越强，对有效资源的利用率越高。

马克·扎克伯格早期就从他所在的宿舍楼开始，仅利用发送邮件邀请注册的方式获得了最早的一批用户。

随着用户的增多，Facebook逐渐形成一个基于哈佛大学的学生网络。如前所述，校园是人们一生中最精力充沛地结交朋友的地方，大量的交友需求不仅仅存在于一个学校内，各个学校的很多学生都乐于结识其他学校的朋友，特别是乐于结交名校的朋友，因此Facebook上聚集了大量哈佛大学的学生，无疑使其拥有巨大的吸引力。

在Facebook进入其他常春藤联盟院校的时候，这个壁垒更加明显。Facebook在进入耶鲁大学和哥伦比亚大学的时候，这两所院校已经有了类似产品，但Facebook还是更受欢迎，原因之一是在Facebook上不仅可以认识本校学生，还可以认识其他同类顶尖院校的学生。

随着企业规模的壮大，企业会将更多精力投入到解决大规模人群的共性需求上，而不会在规模相对较小的群体上投入过多精力，被忽视的小规模用户群往往形成一个新的利基市场。在2012年，Facebook的垄断性地位令很多高中学校开始限制学生使用Facebook，以Facebook当时的体量，它已不可能像以往挨个学校进行拓展，这就给了Snapchat发展的机遇。Snapchat独特的"阅后即焚"功能无疑更契合课堂"传纸条"的需求，因此，Snapchat几乎复制了Facebook的发展过程，从橘郡高中传到整个硅谷的高中，并最终获得杰瑞米·刘的投资。

一个产品一旦在其利基市场立足后，其建立的良好品牌声誉是可以抵挡强大竞争者的入侵的。

2012年，Facebook完成IPO后，拥有足够的资源可以开展新业务；同年4月，Facebook已经完成对Instagram的收购，并在Instagram后续的增长中展现出巨大的影响力。然而，Facebook推出的与Snapchat功能类似的Poke项目却没有办法轻易突破Snapchat已经建立的利基市场，短期内也无法汇聚属于Poke的用户群，解决这些用户的需求，这也注定了Poke昙花一现的经历，它很快沦为一个罕有活跃度的项目。

不仅是Facebook和Snapchat，笔者归纳总结了近年来百亿美元市值公司在早期阶段拓展用户的表现（见表2-1），它们几乎都是从一个利基市场的小规模用户群体开始，逐渐发展成百亿甚至千亿美元的公司。

表2-1 百亿美元市值互联网公司的早期阶段

名称	核心功能点	目标人群
Dropbox	便捷的文件分享和无限的存储空间	现有用户
Etsy	手工艺品销售	针织力量（针织爱好者）
Pinterest	展示珍贵的收藏	美国中部地区的女性
Airbnb	当地房源	异地旅行者
Slack	多人协作通信	小团队
Uber	方便叫车	科技爱好者
MySpace	制作个人主页（分享照片）	十几岁的青少年
Telegram	安全	极客

由表2-1可以发现，青少年、科技从业者和爱好者等用户对新鲜事物的接受度高，也更容易转化。因此，Facebook、Snapchat等都是从校园开始并最终演变成潮流，Slack、Uber、Telegram等产品都是以科技圈用户作为最初的拓展对象。

利基市场不仅适用于互联网产品,传统行业服务好小众人群构建利基市场同样可以创造巨大的商业价值,这其中的代表就是lululemon。

2.1.4　lululemon:服务小众人群的400亿美元运动品牌

提起lululemon,大多数人的第一反应是某种饮料的名称。实际上,lululemon是市值接近440亿美元^㊀的加拿大运动品牌(见图2-3),其市值相当于1.3个阿迪达斯,8个安德玛(Under Armour),7个斯凯奇(SKECHERS)。这个成立于1998年的运动时尚品牌,通过生产独特的女性瑜伽服饰,销售额从2004年的1 800万美元飞涨至2019年的40亿美元,年复合增长率超50%;公司股价从2009年至2020年年底增长超过100倍。

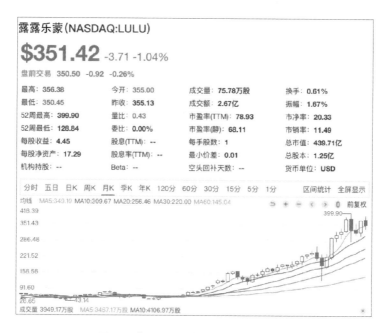

图2-3　接近440亿美元市值的lululemon

㊀　数据截至2020年12月24日,来源:雪球。注意:本书只介绍各个品牌出圈的原理,仅代表作者观点,不可作为任何投资的参考依据。

瑜伽运动源于古印度。最初的瑜伽修行者都是苦修者，他们追求灵魂、肉体、疾病、死亡、宇宙之间的关系。后来人们发现通过练习瑜伽，可以唤醒自己内在的强大力量，还可以得到身体和精神上的愉悦，于是瑜伽逐渐传入印度的各个阶层。瑜伽真正在全球流行是在20世纪，它从亚洲传入欧美等国家／地区，引起西方人的广泛关注，并开始风靡全世界。

加拿大人奇普・威尔逊（Chip Wilson）正是瑜伽运动狂热的爱好者之一。他在练习瑜伽的过程中，发现棉涤纶混纺织物做成的运动服既不贴身又不吸汗，而女款瑜伽服更是直接将男款的尺寸改小，再配上女性化的颜色而成，舒适性极低。他进一步了解到女性穿不合体的运动服练习瑜伽有一种非常糟糕的体验，但又没有其他可代替的产品。于是，奇普・威尔逊敏锐地捕捉到女性瑜伽练习者的潜在需求，于1998年在加拿大温哥华创立了lululemon。成立之初，奇普・威尔逊亲自主导研发工作，用轻薄、服帖的纺织材料制作女款瑜伽服。为了广泛征求顾客、瑜伽教练及专业运动员的意见，他将lululemon的办公地点设计成集设计室、零售商店和瑜伽训练馆于一体的综合场所（见图2-4）。在创立早期，设计好的产品直接放置在零售区进行销售。lululemon的顾客可以在练习瑜伽之余，挑选合适的瑜伽服装，或者对设计出的瑜伽服提一些建议。她们不仅是商品的使用者，还是商品的创造者。通过体验瑜伽课程，购买瑜伽服装，参与瑜伽服的设计，lululemon形成了独特的产品文化和品牌文化。这与我们熟悉的小米手机极为相似，不同的是小米手机更偏重线上经营，而lululemon早在20世纪末就开始采用这种方式经营，只是更偏重线下。

这种营销方式一直持续到2019年。lululemon从不做广告，也很少聘请明星代言人，而是将营销费用用在培训瑜伽教练、健身教练及lululemon店铺的店员上，再通过大量的线下活动影响普通消费者。

图 2-4　lululemon 第一家门店

lululemon 的店铺也与传统的店铺不同，更像是一个展示体验场所。lululemon 门店内的所有货架均安装了可移动式的滚轮，每周末门店可以很快地"改装"成一个小型的团队训练场，开展以瑜伽为主的课程。设计课程时，首先选择在当地有合作关系的瑜伽教练现场教学，接着选择一批经验丰富的体验者带动更多消费者参与。这类活动每周都有，普通消费者在参与瑜伽训练的过程中，逐渐了解 lululemon 和以瑜伽为代表的健康生活方式，她们顺理成章地产生购买需求。

与第 1 章提到的耐克的二次腾飞方式相似，lululemon 并没有着重强调服装的功能属性，而是解决喜好瑜伽、热爱生活的女士们的文化需求，奇普·威尔逊将她们定义为"Super Girls（超级女孩）"。在 lululemon 的理念里，只需要坚定不移地服务好这些人，就可以创造足够多的商业价值。奇普·威尔逊曾在其创作的 *Little Black Stretchy Pants*（《小黑弹力裤》）一书中透露，2008 年，他曾与美国运动品牌安德玛㊀的创始人兼首席执行官 凯文·普兰克（Kevin Plank）会面，讨论收购对方的相关事宜，但因为安德玛的不惜一切代价赢得胜利的风格，与"Super Girls"风格不符，最终放弃了收购。

㊀ 安德玛以健身速干衣名噪一时，并曾超越阿迪达斯成为北美第二大运动品牌，但其在阿迪达斯等运动品牌纷纷推出速干衣后逐渐衰落，2020 年的市值仅为 lululemon 的 1/8。

奇普·威尔逊认为新时代的"Super Girls"对正装的需求越来越弱，对舒适的运动装的需求会越来越强，很多人上班也会穿运动鞋，甚至用西装搭配运动裤，用运动裤搭配高跟鞋。他认为lululemon应该是一种"功能性时尚潮牌"，是运动风与休闲风的结合。因此，从1998年创立起，lululemon就以Athleisure（Athletic+Leisure，运动+休闲）为卖点。身着lululemon不仅代表着瑜伽运动，更代表崇尚一种自由健康的生活方式，这既符合"Super Girls"对出街服饰的功能需求，又满足了新一代女性在文化方面的需求。这也给了lululemon更大的拓展空间，除了从瑜伽运动到游泳、跑步、训练、商务通勤等领域的服饰外，lululemon还在开发除臭剂、唇膏、润肤霜与免洗洗发水等产品。

2018年，lululemon在上海港汇恒隆门店第一次设置了Café & Juice Bar饮品区，2019年，它还在北京举办了第四届Unroll China瑜伽音乐盛会（见图2-5）。相比最初的瑜伽服饰，lululemon已经逐渐成为健康生活方式的象征。因此，在Instagram上，越来越多网红或明星愿意穿着lululemon，甚至手提有lululemon标志的手提袋。她们并不是打广告，而是希望用lululemon为其打上新一代女性的烙印。

图2-5　2019年lululemon第四届Unroll China瑜伽音乐盛会现场

第 2 章 小众人群

如果我们回顾一下耐克的发展过程，便会发现它也是一个从小规模人群的利基市场逐渐发展成全球最大的运动品牌的。菲尔·奈特和比尔·鲍尔曼先是通过自己在跑步人群中的影响力，提升了耐克跑鞋的销量，随后签约了普雷方丹，让耐克跑鞋成为专业跑步人员的首选。耐克进一步的扩张也是由一小群人起步，签约迈克尔·乔丹，先是影响了以 NBA 为代表的篮球人群，进而以乔丹在美国的成功故事影响了更多的美国人。后来，耐克还签约了著名的黑人高尔夫球手泰格·伍兹（Tiger Woods），并把他打造成为万众瞩目的明星象征。

无论是 Facebook、Snapchat，还是耐克、lululemon，它们都是从一个小群体开始萌芽，逐渐构建出自己的利基市场，再围绕利基市场进行延展，最终创造了巨大的商业价值。仔细分析后我们会发现，Facebook、Snapchat 与耐克、lululemon 面向的一小群人是存在差异的。从用户需求层面来看，Facebook、Snapchat 解决的是社交、沟通这类需求，耐克（非基础款）、lululemon 解决的并不是穿衣的基础需求，而是因为兴趣爱好形成小圈子的身份认同的需求。以色列历史学家尤瓦尔·赫拉利（Yuval Noah Harari）的著作《人类简史：从动物到上帝》一书的观点是，人类从动物中脱颖而出，社交能力起到了至关重要的作用。

相比如今，人类通过大脑进行发明创造，征服世界；在早期，人类的大脑却是一种负担。60 千克哺乳动物的平均脑容量是 200 立方厘米，但早在 250 万年前，人类的脑容量就已有 600 立方厘米，现代智人平均脑容量高达 1 200～1 400 立方厘米。大脑本身结构脆弱，不利于活动，大大的头骨更是增加了重量。大脑的能量消耗也十分惊人，对智人而言，占身体总重 2%～3% 的大脑，在身体休息时，却消耗了 25% 的能量，而其他猿类的大脑只消耗 8% 的能量。因此，人类学家们至今没弄清，在接近 300 万年的漫长岁月里，是什么原因让人类进化出如此强大的大脑？

直立行走是人类另一个独有特点。直立行走后，人类不仅更容易发现猎物或敌人，还解放了双手，既可以丢石头、发信号，又可以生产、使用工具。然而，直立行走让臀部变窄，女性的产道宽度受限，再加上人类庞大的头骨，使分娩成为女性的一大难题。于是人类逐渐进化出"早产儿"的生育方式。相比其他动物出生不久就可以奔跑甚至自行觅食，人类在出生之时，许多重要器官都不完善，需要经历许多年的抚养才能成人。

漫长的养育过程使得母亲很难一边照顾孩子一边捕获猎物，不得不与其他人生活在一起。通过高超的社交技巧，人与人之间逐渐形成了有强大社会关系的部落形态，人们共同捕获食物，养育孩子，繁衍生息。

由此可见，建立关系、维护关系的能力逐渐成为人类最基础的生存能力。而社交、沟通的需求是人类最基础的需求。因此，Facebook、Snapchat等互联网社交产品解决的是基础需求，它们的市值远超其他类型产品也能说明人类对社交、沟通需求的强烈程度，只是因为它们在创立之初受限于资源，才从一个小的利基市场开始做起。

本书提到的"小众人群"，不仅是指相对于大众而言的规模比较小的群体，更是指通过文化需求聚集在一起的用户群体。文化需求与基础需求不同，基础需求覆盖的用户群更大，每个人都有基础需求，而兴趣爱好类的文化需求复杂繁多，每个因兴趣爱好聚集的用户群体相对较少。因此，我们用"小众人群"一词特指基于文化需求聚集在一起的规模较小的用户群体。比如前文提到的和将要提到的喜好打篮球的群体、喜好跑步的群体、喜好跳街舞的群体、喜好玩滑板的群体、喜好练瑜伽的群体、喜好写代码的群体……耐克、lululemon正是通过满足这类小众人群并逐渐建立起利基市场的优势，进而发展成拥有千亿美元、百亿美元市值的跨国企业的。事实上，不仅是服饰、食品等传统行业的企业，以虎扑和得物 App 为代表的不少互联网企业也从小众人群的文化需求开始，逐渐成长为估值超过十亿美元的独角兽企业。

2.2 基于文化需求的小众人群

2.2.1 虎扑与得物 App

虎扑是一个起源于 hoopCHINA 的篮球论坛，其独家的球员数据资料和赛事信息吸引了大量体育迷，2007 年它还开设了足球、F1、网球等频道，并逐渐发展成全球最大的中文男性社区。得物 App 是虎扑在 2015 年孵化的一个纯社区形态的产品，"球鞋鉴定"是其提供的核心服务。

2018 年，某公众人物发布了一条赠送 iG 战靴的微博，并大力推荐了得物 App，称在该平台上买潮牌服饰和鞋保真且便宜。

为什么虎扑这么火，甚至其孵化的得物 App 能得到名人的推荐，那就要从 Sneaker（球鞋）文化说起。

Sneaker 文化起源于篮球运动，Sneaker 的原意是胶底鞋，随着球鞋领域出现各种商业化手段，市场上出现了一批热爱和收藏球鞋的人，由此诞生了 Sneaker 文化。最早的 Sneaker 品牌是匡威（Converse）。在耐克风靡于篮球领域之前，匡威曾因在 20 世纪 80 年代签下巨星拉里·伯德、魔术师约翰逊（见图 2-6）而名噪一时。实际上，匡威生产篮球鞋的历史要追溯到 1917 年，在很长一段时间内，匡威装备在篮球领域是具有统治性的，胶底帆布面高帮篮球鞋成为球鞋的标志。

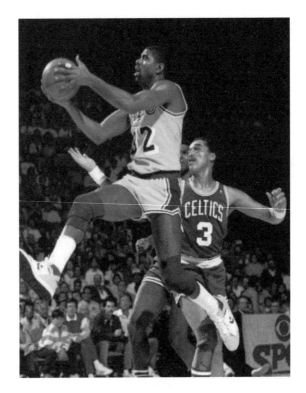

图 2-6　穿匡威球鞋的篮球明星

二十世纪八九十年代，随着潮流文化的兴起，作为潮流文化一部分的 Sneaker 文化也随之爆发，耐克、阿迪达斯、锐步等品牌创造了诸如 AIR FORCE 1、Superstar 贝壳头、InstaPump Fury 等经典款式的球鞋，限量版、球员版、限定版等玩法也在这一时期逐渐形成，而被耐克塑造成英雄的迈克尔·乔丹推出的 AIR JORDAN 系列篮球鞋也成为 Sneaker 文化乃至潮流文化的标志之一。

进入 21 世纪，运动休闲风愈刮愈烈，专业领域的运动鞋像 lululemon 的瑜伽服一样成为人们逛街、工作的选择之一。各大品牌纷纷在"鞋"上做起了文章，推出限量版、限定版、球员版、特殊版等价格不菲的鞋，于是鞋像纪念版邮票一样有了收藏价值。鞋有收藏价值后就难免诞生中间商和造假者，于是在收藏鞋的人群中产生了二手交易和球鞋鉴定的需求。

既然 Sneaker 文化起源于篮球文化，而虎扑又是国内专业的篮球论坛，在虎扑上交流球鞋的人就越来越多，自然孕育出我国的 Sneaker 文化。虎扑论坛的装备分区可能是我国球鞋爱好者最早的交易基地之一，相比于专卖店，这里的商品价格更低，并且拥有众多海外发售的新款。普通用户和球鞋代购商们在论坛促成买卖意向，再通过淘宝完成交易。凭借着无偿鉴定的方式，虎扑获得了大量的 Sneakerhead（对热爱球鞋的人的统称），并逐渐建立起口碑。当体量达到一定规模时，虎扑就自然而然地孵化出得物 App。

得物 App 在早期叫毒 App，仅仅提供让有经验的人帮助普通用户鉴定球鞋的功能。随着 Sneaker 文化在国内爆发，越来越多的鉴定球鞋的需求出现，得物 App 将散兵游勇式的鉴定者聚集起来，以平台背书的方式授予鉴定者"鉴别师"的资格，形成了"C2B2C"（个人对企业对个人）的业务模式。在得物 App 上卖家以货源供应方的形式仅提供自己拥有的款式、尺码、出价等货源信息；买家看到的是包含品牌、品类信息的 B2C（企业对个人）的业务模式，而非像淘宝一样直接对话卖家的 C2C（个人对个人）模式。当买家拍下商品后，卖家需先发货至得物 App；卖家的货源经过得物 App 验证后，会获得一套由得物 App 出具的识别认证——包括鉴别证书、防伪扣、专用快递箱等（见图 2-7）；最后经过验证的货源由得物 App 发货给买家。当然，整套服务流程需要向卖家收取交易额中一定比例的服务费用。

这一模式让得物 App 在一众体育和装备社区中脱颖而出，淘宝海外代购卖家为了让买家相信其货源，也常常以"支持得物 App 验真"来担保。凭借着"球鞋鉴定=得物 App"的形象，得物 App 逐渐完成核心用户的积累和留存，形成潮流运动装备社区的氛围。2019 年，得物 App 已经形成"社区+鉴定+电商"的模式，成为由篮球文化孕育出的 Sneaker 文化的集散地，成为估值超过 10 亿美元的独角兽企业。

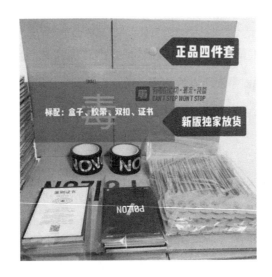

图 2-7　识别认证套装

虎扑和得物 App 的故事还揭示了一个文化需求与基础需求的差异：吃穿住行等基础需求大多相对明确，但文化需求常常是混合交织在一起的，人们常常因为一类兴趣聚集在一起，随着群体的扩大会产生分歧，从而孕育出新的以文化需求为内核的一个新的小众人群。

我们可以用区块链领域的一个技术名词"分叉（folk）"来解释分歧这件事情。

2.2.2　分叉：人类组织的常态

区块链领域有一个技术名词叫分叉，专门解释分歧这件事。**分叉原本是指各区块链验证节点间发生分歧重新建立共识后，部分节点按照原有规则运行，其他节点按照新规则运行。**然而节点，实际上是由人操纵的，因此，区块链的技术共识常常因为人的因素变成了所谓的"社区共识"，这种共识是由有共同认知的人组成的社会组织形态。区块链的技术分叉也因为人的因素变成了人的分叉。

第2章 小众人群

比特币分叉是区块链历史上著名的分叉事件,据比特币分叉亲历者刘昌用在接受零壹财经采访[一]的时候回忆,比特币的分叉源于比特币的拥堵。

区块链技术专家吕国宁认为,因为分布式系统是由多个参与决策的节点共同决策,因此,分叉是分布式系统的常态,节点与节点之间对于新版本的更新方向存在分歧,一旦分歧不可调和,就会分叉。实际上,分叉不仅是分布式系统的常态,也是人类组织的常态。

尤瓦尔·赫拉利在《人类简史:从动物到上帝》一书中推演了人类的进化历史,他认为人类从其他物种中脱颖而出源于认知革命。认知革命的起点是语言。智人的语言并不是世界上出现的第一种语言,每种动物都有自己的沟通方式,能够准确地传递信息。有声语言也不是仅人类有,从昆虫到哺乳动物,这些物种都有独特的沟通语言。但人类的大脑赋予了人类虚构故事的能力,并通过语言讲述给更多人。比如同样是狮子,智人就能够说出:"狮子是我们部落的守护神。"

随着人类的进化,这种想象力让人类编纂出各种故事,比如一些神话故事,让人类形成了稳定的组织结构;随着时间的推移,很多虚构的故事已经取代了事物本身,成为这个组织的共识。

但共识与分叉就像是一枚硬币的两面,认知革命赋予了人类虚构能力和想象力,让人类可以形成极其庞大的组织。认知革命也让组织内的人不停地创造出新故事,从而产生分歧,形成新的组织。追溯人类的进化史可以发现,人类迁徙之旅体现了人类不停分叉的过程,即使是在远古时期,征服自然的能力落后,人类也从未停止过远渡重洋的分叉。

[一] 《对话刘昌用 | 独家披露BCH两次分叉全过程》,零壹财经,蒋照生,http://www.01caijing.com/article/33743.htm。

在人与人协作的组织之中，分叉也是常态。百度创业的核心团队成员号称"百度七剑"，这些成员中现在除了李彦宏外，其他人都已各奔东西。腾讯创业的核心团队成员号称"腾讯五虎"，其中曾李青早就退出腾讯，张志东现在也隐退了；阿里巴巴创业时的核心团队成员"十八罗汉"也早已出走大半。而带有文化内核的组织也无法避免分叉的经历。

我想说明的是，"分叉"并不是一个贬义词，实际上，分叉往往意味着新机会。在比特币分叉后，百度指数显示，比特币的影响力并没有因此减弱（见图2-8）。

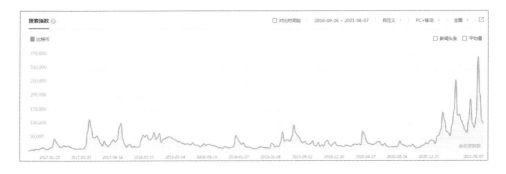

图2-8　2016年9月~2021年6月比特币的百度指数

人类正因为不停地"分叉"在非洲、欧洲、亚洲、大洋洲、美洲落地生根，截至2021年1月，总人口数已经超过75亿。每次分叉同样意味着新的商业机会，前文提到的得物App正是源于篮球文化孕育出的Sneaker文化，而我们提到的lululemon也通过瑜伽运动找到了"冥想"这个新的增长点。

2.2.3　分叉中的新商机

2019年7月，lululemon在美国芝加哥旗舰店的二楼开设了该品牌的全球第一家健身房，健身房内包括两间健身教室、一个冥想区、一个餐饮区和一个公共办公区,总面积达 2 000 平方米,这里几乎是集用户吃、穿、运动、工作和生活等所有方面的一站式运动生活空间。值得注意的是,除了餐饮、公共办公、健身教室外,lululemon 还特别设置了一个冥想区。

冥想(Mindfulness)起源于印度佛教巴利语里的"Sati",意思是关注。早先最知名的冥想倡导者是苹果公司的前 CEO 史蒂夫·乔布斯,他宣称自己通过冥想减轻压力,甚至激发创造力。近些年的研究发现,经常性的冥想可以提升免疫系统,治愈忧郁症,提升记忆力,保持情绪稳定,甚至有利于改善大脑的构造。

越来越多的人开始加入冥想运动中(见图 2-9),其中不乏名人,比如曾主演《哈利·波特》系列电影的演员艾玛·沃特森(Emma Watson)、脱口秀主持人奥普拉·温弗瑞(Oprah Winfrey)、NBA 前著名球星科比·布莱恩特(Kobe Bryant),以及麦肯锡、高盛、谷歌、Facebook 等明星公司的管理者。冥想正在成为继瑜伽和断食果汁之后又一个受明星与科技精英欢迎的"健康生活方式"的代名词。

图 2-9 正在练习冥想的两位女士

根据 Market Data 发布的对美国冥想市场的研究，2015～2017 年的三年间，冥想市场估值持续增长，至 2017 年已达 12.1 亿美元，比 2015 年上涨了 26%。自 2012 年以来，冥想行业吸引了 2.6 亿美元的投资。Market Data 预估，该市场的年均增长率为 11.4%，并将于 2022 年达到 20.8 亿美元。在美国已经有 2450 多个冥想工作室，创造约 6.6 亿美元的收入。"冥想"一词出现在美国亚马逊网站的 3 万本书的标题里，包括书籍、杂志、CD 和 DVD 在内的出版物则达到约 1 亿美元市值。同时，与冥想有关的手机应用已经有 1 000 多个，若再加上网站和在线课程，每年营收将达到 1 亿美元以上。

lululemon 洞察到这一巨大的商机，在 2017 年，于美国纽约洛克菲勒中心（Rockefeller Center）对面的门店开设了第一个冥想空间，名为 Mindfulosophy，顾客可以在空间进行冥想，自我放松。2017 年 12 月，lululemon 策划了一场线上冥想活动，每天早上 7 点在 Instagram 直播冥想课程 15 分钟，有上万人参加。lululemon 还向美国专利局申请了 Mindfulosophy 的商标专利，专利内容包括以冥想、瑜伽等为主题的可下载内容、冥想面罩之类的配件、为冥想录制的 DVD、在冥想领域提供的课程培训和互动在线教学、关于冥想的社区娱乐活动、提供相关视频的冥想网站等。冥想，这一健康生活的新方式，正在成为 lululemon 重要的增长引擎。

值得注意的是，lululemon 找到冥想这一新的增长点和虎扑通过篮球文化孕育 Sneaker 文化都与两个因素有关，其一是利用小众人群之间的分歧，在小众人群中寻找小众人群；其二是对于大趋势的洞察。无论是瑜伽、冥想，还是篮球、球鞋，它们都率先在美国兴起，因为大量的美国消费者已满足了基本的生活需求，于是衍生出健康生活、潮流文化等在基础需求之上的文化需求，而这些文化需求进入亚洲往往也会在经济比较发达的日本率先落地。事实上，小众人群分叉、大趋势洞察不仅是 lululemon、虎扑找到新机会的方法，更隐藏着我们寻找小众人群的密钥。

2.3 寻找小众人群方法一：挖掘隐藏在小众人群中的更小众

相信大家对"代沟"这个词并不陌生，不同代际的人在思想、价值观念、行为方式、生活态度、兴趣爱好等方面很容易出现差异和冲突。而基于文化需求形成的小众人群之间也存在着类似代沟的差异。在互联网诞生之前，由于小众人群有独特的价值观与沟通方式，小众人群以外的人很难融入其中。但互联网出现之后，我们可以通过互联网平台，在小众人群中寻找新的小众人群，就像从lululemon的粉丝中发掘出冥想人群、从虎扑用户中出现用得物App的人群一样。

通常，我会建议大家从三个方向（见图2-10）来寻找小众人群：垂直平台、综合平台、UGC（User Generated Content，用户生产内容）平台。

图 2-10 寻找小众人群的三个方向

2.3.1 垂直平台：小众人群聚集地

一直以来，互联网给人们的感觉是横向发展，规模决定一切，于是有了前期拼命地融资，甚至出现了补贴这种消耗大量投资的方式，以尽可能快速获取用户。然而随着阿里巴巴、腾讯、百度、今日头条、美团、滴滴、京东、拼多多、微博、快手、抖音等平台型产品逐渐解决了人们的基础需求，新兴互联网产品能争取到的用户规模越来越小。新兴互联网产品开始逐渐从服务特定人群入手，也就是做垂直领域的产品。服务特定人群的产品的价值并不低，36氪曾报道过一款交流养鱼经验的水族社区App——龙巅鱼邻，该App包含鱼圈（按鱼种、地域和品牌划分）、鱼友直播、商城等版块，主要交流龙鱼、虎鱼、魟鱼、罗汉鱼、锦鲤鱼、水草、小丑鱼等饲养繁殖经验。这样一个小众平台汇聚了460万用户，日活跃用户数超过10万，每月的活跃用户数达到37万，商户数达到2 500余家，2017年包含PC（个人计算机）端的龙巅商城的交易额为27.9亿元。

龙巅鱼邻仅仅是垂直平台中的一个，类似的还有从投资类媒体到股民社区再到集股票、基金、保险等多种投资产品类型于一体的投资者社区雪球、前文提到的潮流文化平台得物App、从NBA社区到亚洲最大的中文男性社区虎扑体育、移动健身工具类应用Keep、母婴类社区宝宝树、医学知识分享平台丁香园、汽车网站汽车之家、旅游网站马蜂窝……这些垂直平台都展现出强大的商业价值，获得了资本市场的关注（见表2-2）。

表2-2 垂直平台融资情况（截至2021年1月）

平台名称	领域	估值/市值	融资时间
虎扑	体育	77.22亿元人民币	2019年
雪球	投资	1.2亿美元（融资额）	2018年
得物	潮流文化	10亿美元	2019年
Keep	运动健身	20亿美元	2021年
宝宝树	母婴社区	20亿港币（市值）	2021年（港股上市）
丁香园	医学知识分享	10亿美元	2018年
汽车之家	汽车网站	148亿美元（市值）	2021年（美股上市）
马蜂窝	旅游网站	20亿美元	2018年

值得注意的是这些垂直平台都形成了"内容＋社区＋电商"的模式，由内容和社区聚集了有独特的小众文化需求的人群，用电商方式既使平台最终获得经济收益，又方便了小众人群通过购买商品满足自己在文化、身份认同方面的需求。就像由篮球衍生出球鞋文化，由瑜伽发展出冥想一样，垂直平台首先深入社区，近距离观察小众人群的所想所为，了解小众人群的喜好，进而有机会挖掘分叉出的新一类文化需求。

2.3.2 综合平台：被筛选出的垂直人群

前文提到的挖掘小众人群需要关注垂直平台，但这不代表要忽略综合平台。综合平台因为用户规模大、活跃度高，同样是深入了解小众人群的重要平台，而因为综合平台有特殊的平台设计，往往平台上存在更垂直的小众群体。果壳公众号在 2018 年曾发表过一篇名为《当饭圈女孩涌进相声会馆，德云社就成了 DYS48》的文章，详细讲解了"饭圈"的玩法，其中提到了几个关键的平台：B 站、微博超级话题、百度贴吧。下面先介绍微博超级话题和百度贴吧，B 站会在 2.3.3 小节详细讲解，它们都是重要的小众人群聚集地。

超级话题是微博里一个将话题和社区属性结合的兴趣内容社区。超级话题只会显示带有该话题标签的微博内容，因此用户一旦进入某个超级话题，只会看到与该话题相关的信息。此外，微博超级话题有签到功能，用户签到的次数越多，在超级话题中的等级就越高。不少明星在微博上都有超级话题，其粉丝人数越多、粉丝发微博的数量越多、粉丝活跃度越高，该明星在超级话题上的排名就越靠前。因而，有不少明星的官方或非官方粉丝团规定想加入粉丝团，每天必须在超级话题里发 ×× 条微博；或者，在超级话题的活跃度超过 ××，才有资格申请加入粉丝团。加入粉丝团后，粉丝能享受某些优待。① 但需要注意的是，超级话题应合理、规范使用。

超级话题用独特的产品形态把一小群有特殊爱好的用户聚集在一起，是十分有效的寻找小众人群的方式。例如，MOC TOWN 是一个乐高爱好者的社区型产品，产品在早期需要获取大量乐高爱好者，微博超级话题就是其最好的获客渠道，只需要在微博搜索"乐高""lego""moc"等关键词，再切换到"话题"界面下（见图 2-11），就会出现大量乐高超级话题，在其中可以找到狂热的乐高爱好者及他们发布的与乐高相关的内容，MOC TOWN 只花费了很少的推广预算，就获得了几十万的阅读量和上万的精准乐高用户。

图 2-11 在微博搜索"乐高"关键词出现的超级话题结果

除了微博超级话题外，MOC TOWN 还在微信群、QQ 群进行定向推广。微信群、QQ 群是以"群"这种独特的产品形态将有相同爱好的小众人群聚集在一起，只要运营得当就可以从中获得大量小众人群。其中 QQ 群既可以采用

---

① 这种规则设计和规定引起"饭圈"乱象。《关于进一步加强"饭圈"乱象治理的通知》公布了取消明星艺人榜单、优化调整排行规则等十项措施。

被已有群成员拉入群的方式加入，还可以通过主动搜索群的方式，找到带有特定名称的群，自己申请加入。

在微博崛起之前，百度贴吧是最知名的综合平台，超级女声的粉丝团就曾聚集在百度贴吧。在百度搜索巨大流量的支持下，如今百度贴吧依然是不可忽视的平台。百度贴吧按娱乐明星、综艺、电视剧、体育、小说、生活、游戏等分成各类贴吧（见图2-12），只要按照微博超级话题的方法，搜索进入相关贴吧，直接在百度贴吧发布招募贴，就可以吸引感兴趣的小众用户群体。2018年曾在上线伊始就排在App Store社交榜第二、总榜第五的音乐社交App音遇，在其内测期的用户就是通过在百度贴吧发招募帖的方式吸引的，他们当中有周杰伦、林俊杰、王力宏等明星的歌迷。2019年年底，我也用发内测招募帖的方式，在20个百度贴吧中，招募到200位虚拟形象DIY（Do It Yourself，自己动手制作）爱好者参与了一款虚拟形象DIY产品的内测。

图2-12　百度贴吧分类

2.3.3 UGC平台：具备创造能力的小众人群

与其他综合平台不同，豆瓣、B站的特殊之处在于其平台用户的UGC能力。我国微博营销史上著名的"凡客体"最早发源地并非是微博而是豆瓣，在凡客大规模投放了韩寒和王珞丹的平面广告后，有豆瓣小组成员觉得好玩，发起了"全民调戏凡客"活动，即让豆友（豆瓣用户）用凡客广告样式进行海报PS（图像后期处理），并用凡客广告中的文案风格写一句文案。从最初的好玩到后期凡客官方的支持，在1个月内这个活动吸引了12 524名豆友参加，征集到3 445张豆友别开生面的作品，基本样式如图2-13所示。作品被转发到新浪微博等平台后，扩散至整个互联网，瞬间"凡客体"成为当时互联网最热门的词汇，网友纷纷制作各式各样的凡客体内容，各主流媒体竞相报道、评论。据统计，短时间内新浪微博转载46 018条，搜索引擎关键词搜索结果达340万条。

图2-13 "凡客体"基本样式

如果说豆瓣是文字、图片等静态素材的UGC发源地，那么B站就是视频这种动态素材的UGC发源地。B站的用户以"90后""00后"年轻人为主[一]，

[一] B站上市招股书显示，截至2017年12月31日，1990～2009年出生的用户占比高达81.7%。《B站IPO招股书摘要：移动端每位用户每天花费76分钟》，腾讯科技，https://view.inews.qq.com/a/TEC201803030077060D。

据 B 站官方公布的数据显示㊀，截至 2019 年年底，B 站已经形成具有音乐、影视、科技、时尚等 15 个内容分区、聚集 7 000 余文化圈层的年轻人的文化社区，其中 90% 的播放量来自用户自己创作的内容。庞大的用户规模、复杂的文化用户群及强大的 UGC 能力让 B 站成为独特的小众人群聚集地。2020 年年初，因全国的学校延迟开学，超过 1 200 万名学生通过钉钉进行在线学习，但钉钉的打卡、视频会议等功能也给学生们带来一些精神压力，于是有 B 站 UP 主在 B 站创作出《你钉起来真好听》视频，用搞笑的方式表达对钉钉的不满。

DT 财经在《我们研究了 B 站，发现它很不"二次元"| DT 数说》㊁ 一文指出"搞笑"是 B 站最突出的标签。有趣、自由、富有想象力，是"搞笑"标签背后反映出的年轻人追随的核心要素。"搞笑"也成为 B 站年轻人表达自我的一种方式。

随着《你钉起来真好听》视频的火爆，更多与钉钉有关的视频被制作出来，并在微信群、QQ 群、抖音、微博等平台进行二次传播，紧接着受"应用商店评分低于 1 分被强制下线"的小道消息的影响，学生们自发冲进各个应用商店，给钉钉打出低分，并留下负面评论以示不满。仅仅 5 天时间，钉钉的评分就从 4.9 分下降到 1.3 分。

面对这种情形，钉钉选择用 B 站的"语言"与 B 站用户沟通。他们发布了一条名为《[钉钉本钉，在线求饶]》㊂ 的视频，这个视频采用了 B 站最受

㊀ 《B 站释放商业化信号：明年将向所有品牌开放生态》，网易科技，https://tech.163.com/19/1029/19/ESM8QPC900097U7R.html。

㊁ 《我们研究了 B 站，发现它很不"二次元"| DT 数说》，作者：陈诗雨，https://mp.weixin.qq.com/s?__biz=MzA5Mzk5MDM5MA==&mid=2650833391&idx=1&sn=b5e9be8d589d038d755de5d4f9d397a0&chksm=8ba15d76bcd6d460e4535474ad0bdb67f0425e93b16b192b0161f2b1df3e1eded52f2f04ab6d&scene=21#wechat_redirect。

㊂ [钉钉本钉，在线求饶]，钉钉 DingTalk，https://www.bilibili.com/video/BV1K7411E7Zm。

欢迎的鬼畜形式，配上带魔性的旋律和歌词，完全契合 B 站用户的喜好，一经发布，连续几天占据 B 站全站日排行榜的第 1 名，并创造了 B 站官方企业号单个视频播放量的纪录，播放量超过 2 500 万（截至 2020 年 6 月 17 日）。与此同时，钉钉在应用商店的评分也在短短几天内提升了一倍。

B 站的 UGC 给钉钉带来了公关危机，钉钉通过 B 站用户喜好的"搞笑"方式不仅在一定程度上化解了危机，还获得了 B 站年轻用户的认可。前文提到的音乐社交 App 音遇在百度贴吧获得第一批用户后，也是通过 B 站获得了一批喜好"搞笑"文化的用户。喜好"搞笑"文化的用户中有些是喜欢互联网上无须动脑、有违常态、琐碎日常的"傻乐"文化，它们可以说是 B 站搞笑文化的一个分支，具体表现为表情包、笑话、视频、App 等形式。

音遇用户在接唱知名歌曲的过程中经常出现走音、唱错调、跟不上拍子等令人捧腹大笑的情形，因此有用户整理了这样的内容并制作成接唱视频发布到 B 站，受到 B 站用户的欢迎；紧接着又有更多 B 站用户进行二次加工，制作出更多这样的视频，并扩散到微博、抖音等平台，获得大量喜好这类内容的年轻人的关注，音遇也因此一度冲到 App Store 社交榜的第 2 位、总榜的第 5 位。

2.4　寻找小众人群方法二：挖掘大趋势中的小众人群

2.4.1　促进中日两国文化交流的小众人群

在很长一段时间里，国内很多人提到抹茶后的第一反应都是来自日本的产品，但其实抹茶的根在我国。根据三国时期张揖《广雅》记载："荆巴间采茶作饼，叶老者饼成以米膏出之，欲煮茗饮，先炙令赤色，捣末置瓷器中，以汤浇覆之……",大致意思是人们将采来的茶叶先做成饼再在火上灼成赤色,再把茶叶捣成细末后,放在瓷器中煮。这种将茶捣成的"末",可以说是最早期的抹茶。

到了隋唐时期,茶叶发展较快,饮茶逐渐普及。被誉为"茶圣"的唐代茶学家陆羽在其撰写的我国第一部茶学著作《茶经》中记载,唐代煮茶时,先烤再趁热用纸袋装起来,等冷了再碾成末。

宋代是我国茶文化发展的鼎盛时期,上至王公大臣、文人,下至商贾绅士、黎民百姓,无不以饮茶为时尚,饮茶之法以点茶为主。点茶是要将烤过的茶饼碾磨成粉末,然后过罗筛取粉末,再放到茶盏中,用沸水冲点,紧接着快速击打,使粉末与水充分交融直到茶盏中出现大量白色茶沫为止。为了使茶粉末与水交融成一体,于是就发明了一种用细竹制作的工具,被称为"茶筅"。如今,日本高级抹茶制作过程与宋代的点茶过程极其相像(见图2-14),而"点茶"还有一个名字叫"末茶",与"抹茶"极为相似。

图 2-14　与宋代点茶相像的日本抹茶

日本历史上有史可考的茶文化兴起是始于奈良时代,正值唐代的开元盛世。唐代是我国历史上最强盛的朝代之一,其稳定的经济、繁荣的社会秩序与开放、崇文的风气吸引了周边国家前来朝拜学习,其中,日本是往来最密切的国家之一。

唐代是我国佛教的鼎盛时期，佛教文化吸引了日本僧人前往大唐"留学"，这些"留学僧"不仅把佛教经典、佛教文化带回日本，还把唐代的生活方式带回日本，饮茶就是其中之一。唐贞元二十年（804年），日本高僧最澄奉诏随遣唐使到唐朝求学；转年，最澄高僧回到日本，除了带回经典书籍外，他还带回了茶籽、茶叶，并将茶籽种植在茶园。

除了茶籽和茶叶外，最澄高僧还将茶文化、饮茶活动带到日本，他曾亲手煮茶进献给嵯峨天皇，故此嵯峨天皇作《答澄公奉献诗》以谢最澄："羽客讲席亲，山精供茶杯"。到了宋代，有日本茶祖之称的荣西禅师在5年间两度访宋，不仅将茶种带回日本，还将宋代的"点茶"文化带回日本。在深入研究茶文化后，荣西禅师完成日本第一本茶学书籍《吃茶养生记》。这个时期的茶主要强调的是药用价值，浓缩的茶浆可以帮助士兵提神醒脑，消除困意，增强战斗力。随着茶在寺庙中广泛种植，饮茶开始从寺庙走进贵族武士群体，成为上流社会的活动之一，茶的作用也从"药物"变成"饮品"。茶在日本的普及也与宋代的"斗茶"运动相关。"斗茶"是宋代著名的全民竞技运动，从贩夫走卒到文人雅士，再到帝王将相，他们都会各自携带茶叶分别煎煮，再请大家轮流品尝，做出评价，判断高下。

经济强大的地区往往有着巨大的吸引力，唐宋时期的日本学习中原文化，特别是可以彰显社会地位的文化活动，以"斗茶"为代表的茶文化十分风雅，因此，"斗茶文化"在日本当时开始逐渐流行起来。后来日本经历了长期战乱，直到丰臣秀吉、德川家康等崛起，茶文化成为日本武士缓解思乡之情的一种手段，并逐渐被日本全民所接受。其中千利休对日本的几大茶文化大家的思想进行了集成，并进行了改革和简化，他认为茶道的根本精神就是"和、敬、清、寂"四个字，使茶从物质享受上升到精神层面，让日本茶文化的精神内涵有了质的提升。

点茶在日本扎根的同时，在我国却逐渐衰落。我国古人发明了炒青制茶法，炒青比蒸青更香，茶的喝法也从"吃茶"变成用热水冲泡的"喝茶"。明太祖朱元璋为减轻普通民众的负担，下令要求各地进贡散茶，由此冲泡茶逐渐取代了烦琐的宋代点茶。

21世纪，抹茶重回我国。1993年中日合资的御茶村开始生产煎茶，全部出口日本。2005年前后，御茶村开始策划包括煎茶在内的抹茶由出口转为内销，使抹茶真正再次出现在我国，并实现爆发性增长。据统计○，2014~2017年这短短4年时间，北京、上海、广州、深圳等一线城市新开设了近500家门店，出现了无邪、宇治、西尾、甘兔庵、关茶等94个不同风格、不同定位的抹茶专营店品牌。

我们在回顾抹茶在中日跨越时间的奇特旅程时可以发现，抹茶文化的盛行与经济的强大有直接的关系。唐宋时期，物质丰富、经济繁荣、社会昌明，相比之下，日本的经济状况较落后，因此，学习强大的中原文化是当时日本社会的共识。茶文化因为是中原文化的一部分而受到日本社会的追捧，并最终在日本扎根。日本诸多的文化中都有我国古代的影子，日本的首都"东京"是模仿宋代的首都"东京汴梁"命名；日本的生鱼片源自我国，汉唐时期生鱼片非常流行；日本人喜爱的樱花也源于我国，我国是最早种樱、赏樱的国家，在唐代诗人白居易的诗作中，有29首诗是描写樱花的；日本的建筑风格也受到唐宋时期建筑的影响。

而在第二次世界大战结束后，日本仅仅用了20年，就从经济崩溃发展成为仅次于美国的世界第二大经济体。我国在改革开放后，经济实现了快速发

○ 《咖门2019中国抹茶行业报告：抹茶产业里，会诞生下一个喜茶么？》，咖门，https://www.sohu.com/a/270913503_350514。

展,同时日本文化开始反向输入我国。比如前文提到的"二次元",本身就是由日本早期的动画、漫画、游戏等作品图像构成,传输到我国后逐渐发展成我国年轻一代的身份标签,而前文提到的视频弹幕网站 B 站,其弹幕的产品形态也是源自日本的弹幕网站 NicoNico,B 站的内容也以日本的动画、漫画、番剧为主。除了文化外,在服饰方面,无论是平民品牌优衣库(UNIQLO)还是潮流品牌 Bape 都很受欢迎;在电器方面,日本的索尼(SONY)、松下(Panasonic)是我国人非常喜欢的品牌;在汽车方面,日本知名的丰田(TOYOTA)、本田(HONDA)汽车品牌也是在我国知名的汽车品牌。

喝抹茶、吃生鱼片、赏樱花等原本诞生于我国古代中原地区的生活方式伴随着日本文化在我国的流行,重返我国。现今,这些与日本有关的生活方式都出现过或正在出现爆发性增长。如果把两个不同发展阶段的国家间的经济文化交流看成大趋势,挖掘大趋势中的机会就是寻找小众人群的重要方式。

现今值得重点关注的大趋势,除了本小节阐述的中日两国的文化交流外,还有美国文化的全球化渗透及我国传统文化的复兴两大趋势。

2.4.2 美国文化:可口可乐的全球化

三浦展的《第四消费时代》一书在描述日本第一消费时代(1912~1941年)的特点时,特意提出"西洋化"的特点,指出那时出现了西餐热潮,还有"摩登男孩""摩登女郎"等名词,日本现行的西式生活方式的雏形也是在那个时期形成的。到了第二消费时代(1945~1974年),也就是从第二次世界大战(简称二战)结束到日本成为全球第二大经济体时期,日本出现了明显的美国式的消费倾向,人们有追求私人住宅、私家车等消费需求,与美国相关的生活方式成为流行的消费行为。事实上,不仅是日本,二战结束,美国在经济方面的优势使其文化在全球范围内产生了巨大的影响。华尔街是金融符号,百老汇成为戏剧代名词，好莱坞是商业电影的象征，麦当劳是美国生活方式的代表，NBA 意味着篮球，迪士尼是动画的代表，漫威、DC 漫画是漫画的符号，高科技园区都带有硅谷的元素……其中，最具影响力的是可口可乐。

据美国作家汤姆·斯丹迪奇的《上帝之饮：六个瓶子里的历史》记载，1886 年 5 月，美国佐治亚州的约翰·彭伯顿在配制一种医治头疼的药物时无意中将古柯（Coca）和可乐果（Kola）混合蔗糖进行调制，得到了一种焦糖色的液体，再加上苏打水，研制出具有提神、镇静及减轻头痛功效的饮料，并按其主要成分古柯和可乐果将其命名为 CocaKola。为了整齐划一，将 Kola 的字母 K 改为 C，然后在两个词中间加一横，变成 Coca-Cola（可口可乐）。

可口可乐诞生之初，恰逢当地试行禁酒令，这种可以迅速带来兴奋感的非酒精"药品"以酒精替代品的身份很快成为消费者的心头爱。经济大萧条时期，可口可乐推出全新广告语——"享受清凉一刻（The pause that refreshes）"（见图 2-15），激励陷入生活困顿和绝望中的美国人，并成为美国民众心中的民族企业。1938 年，著名的社会评论家威廉·艾伦·怀特曾对可口可乐做出评论"可口可乐是美国魂的精华象征，是真材实料、流传广泛而又能不断创新的生活好伴侣。"

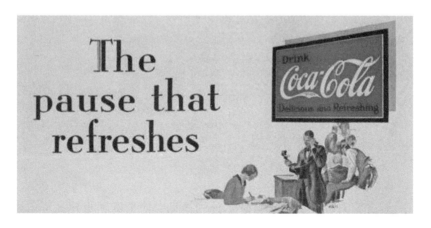

图 2-15　经济大萧条时期可口可乐的广告

珍珠港事件后，美国开始向世界各地派兵，总计 1 600 万人次。在战争动员时期，可口可乐公司总裁罗伯特·伍德拉夫做出了一个重要决定：可口可乐公司将不惜亏本，争取让每一位士兵在任何地方都能花 5 分钱买到一瓶可口可乐。提神醒脑又不含酒精的可口可乐很快获得了士兵们的喜爱，远在他乡的士兵们通过饮用可口可乐舒缓他们的思乡之情，从士兵、下级军官到艾森豪威尔、巴顿等都是可口可乐的粉丝。在横渡莱茵河的战役中，可口可乐甚至成为美国部队的暗号，从其二战时期的广告（见图 2-16）可以看出，可口可乐在二战时期真正成为美国的象征。

二战后，美国在世界范围内不断展现出巨大的影响力。

图 2-16　二战时期的可口可乐广告

在欧洲，美国政府实施了马歇尔计划援助、协助欧洲重建，可口可乐凭借着与美国的深厚关系，开启了其渗透运动。美国政府以多种明示和暗示的方法，告知欧洲各国政府禁止进口可口可乐可能产生的不利影响，使欧洲各国不得不接受了可口可乐。

一位目睹德国人民推倒柏林墙这一历史时刻的人回忆说："我们手上拿着香蕉、可口可乐、鲜花和其他一些代表美国用户至上主义的东西，来热烈欢迎这些来自墙那边的同胞们"。当时东德人在西德的可口可乐工厂前排队，等候着从厂家直接购买成箱的饮料，东德人急切想购买的物品主要有：高保真音响制品、电视机、电冰箱，还有成箱的可口可乐。

以往，试图将食物卖到国外的美国公司，往往竭力用当地品牌隐藏自家产品的外地出身，但可口可乐反倒大肆宣扬它与美式生活、美国精神的关联性。在这一过程中，以可口可乐为代表的美式品牌创造了一种国际消费文化，越来越多的当地居民，尤其是年轻人开始关注世界，特别是关注美国，以找到有很"酷"的消费习惯的同类。以可口可乐为代表的品牌成了"酷"的代名词。

可口可乐不仅向世界展示了美国，还向世界介绍了一种全球市场统一化的商业模式。发达国家在发展中国家办厂，发达国家减少了产品制造成本，发展中国家增加了就业机会，促进了经济发展。1997年，《经济学人》杂志上的一则分析发现：可口可乐的消费不仅代表了一个国家全球化的程度，更与该国的国力、人民的生活水平（以美国制定的标准进行衡量）、人身自由等水平息息相关。该分析最后总结道，"这种拥有世界市场的嘶嘶起泡的饮料，加上它的资本主义性质，的确是于国于民极为有利的"。

也许一些反全球化人士的声音更能体现出可口可乐与美国的关系：当今世界上唯一超级大国——美国正准备打一场不费一兵一卒、一枪一炮的"世界征服战"，他们进行的是文化渗透，市场扩张和以微软、麦当劳、可口可乐

为代表的品牌战。○

事实上，可口可乐仅仅是美国文化渗透全世界的一个缩影，本书提到的 Supreme、Facebook、Snapchat、AIR JORDAN、Netflix，包括起源于加拿大，畅销于美国的 lululemon 等案例都与美国文化相关。在美国文化全球化渗透这个趋势中仍有机会可以挖掘。

2.4.3　我国传统文化的复兴

2019 年火热的网络综艺节目《乐队的夏天》将乐队代表的小众文化呈现在大众面前，也捧红了新裤子等一众乐队。新裤子乐队曾在 2006 年发布了一张名为《龙虎人丹》的专辑，一面世就获得了乐迷、乐评人、同行的褒奖，新裤子乐队经纪公司摩登天空的老总沈黎晖评价《龙虎人丹》是新裤子乐队的翻身之作。"《龙虎人丹》的音乐风格包含了复古的迪斯科，有很多 20 世纪 80 年代的音乐精髓在里边，但它又特别有中国风味，我觉得他们创建了一个新的美学系统"○。在沈黎晖看来，《龙虎人丹》不仅构建了新裤子乐队的音乐美学系统，还衍生出复古国潮美学，梅花运动服、回力鞋等国货成了潮流年轻人的心爱之物。就像新裤子乐队一样，国潮运动在 12 年后的 2018 年集中爆发，《我在故宫修文物》《中国诗词大会》《国家宝藏》等传统文化类节目接连走红，特别是在"90 后""00 后"集中的 B 站，单是纪录片《我在故宫修文物》，截至 2019 年 9 月，就已经收获接近 600 万的播放量和接近 6 万条的弹幕，此外，以汉服、国风舞蹈为代表的中国风视频播放量也大幅增加。在音频方面，在音频平台荔枝 App 上，与古风、Pia 戏○类的直播接近全平台所有品类

○ 《上帝之饮：六个瓶子里的历史》，作者是汤姆·斯丹迪奇，北京：中信出版社出版，2017 年 1 月。
○ 《与彭磊有关的日子》，马东不吃饭，https://mp.weixin.qq.com/s/thjeHfTfYUqS84fB9ukEeQ。
○ Pia 戏就是两个或两个以上的人按照既定剧本，模仿剧本的语气进行对戏，类似广播剧。

的15%，每周有上万场该品类的直播，用户以"90后"的学生群体为主。

2018年4月，共青团中央与B站、东家联合发起的"中国华服日"及相关的中国风音乐盛典直播，成了微博热门排行榜话题第一名，阅读量过亿，仅预热期的单条微博，转发就高达3万条。在斗鱼、花椒等直播平台上，二胡、古筝、书法等我国传统文化的表演也收获数十万人的关注。

提到国潮文化，就不得不提运动品牌李宁。有数据显示，2012~2014年，李宁品牌持续亏损近30亿元，并曾在一年间关闭1 821家门店。在困境之中，李宁开始尝试国潮文化，与青年设计师进行合作，陆续推出"悟道""凤舞""藏易"等主题商品。从2018年年初开始，在一年之内，"中国李宁"三次登上国际顶级时装周的舞台（见图2-17），而通常这类时装周是路易威登、古驰（GUCCI）、芬迪（FENDI）、香奈儿（Channel）等奢侈品牌的专享。2019年年初，李宁公司发布的2018财年业绩报告显示，2018年，李宁公司营业收入达105.11亿元，同比增长18.4%，首次实现营收破百亿元；在2018年，经营利润为7.77亿元，较2017年的4.46亿元增长74.4%；净利润为7.15亿元，同比增长38.8%；在现金流方面，年内经营活动产生的现金净额为16.72亿元，同比增长44.3%。

图2-17 在纽约时装周上闪耀的中国李宁服饰

■ 潮流：品牌引爆、出圈背后的秘密

2018年，故宫这一极具代表性的我国传统文化元素也加入国潮盛宴。2018年年底，故宫淘宝推出了彩妆系列，包括口红、眼影、高光和腮红。从外包装看，产品完美地融合了东方古典美学与现代时尚，设计灵感均来源于故宫博物院的珍藏文物。就连口红的颜色也取自故宫的元素，诸如祭红、紫靛和宫墙红等。不仅仅是彩妆，在服装方面，故宫与ICY全球设计师平台推出系列服饰；在手机游戏方面，故宫与网易联合推出解谜游戏"绘真·妙笔千山"；在3C产品方面，与小米手机推出故宫特别版手机。故宫还与百雀羚合作推出百雀羚"雀鸟缠枝"美什件作为文创产品，该产品在电视节目《上新了·故宫》成功上新，被故宫文创上新盛典授予宫标。

此外，文具品牌晨光推出"盛世新颜"系列文创产品演绎国粹京剧，并邀请京剧演员王佩瑜担任"首席文化官"。美妆品牌美加净与大白兔跨界合作的大白兔奶糖味润唇膏，在上架后迅速销售一空，并受到包括中央电视台、新华社、东方卫视等数百家媒体的关注。在李宁之后，太平鸟、森马、波司登等一系列国产服装品牌相继登陆时装周；老干妈、云南白药、康师傅、颐和园等传统品牌也推出一系列卫衣产品，吸睛无数。

《第四消费时代》在记录日本第四消费时代时，提出"日本意识"。进入21世纪后，想要去外国城市旅游的日本年轻人逐渐减少，而去日本京都㊀旅游的人数却不断增加，此外，熊野古道㊁、伊势神宫㊂也很受欢迎。很多年轻女

㊀ 在1868年东京奠都前，京都一直是日本的首都，是日本人的精神故乡，是日本文化的源点，是日本的文化象征之地。京都市的部分历史建筑在1994年以"古都京都的文化财"的名义被列为世界文化遗产。

㊁ 熊野古道位于日本本州纪伊半岛南部，全长1000多千米，横跨和歌山、三重、奈良三县，沿途包括散布于崇山峻岭间的熊野本宫大社等多处神社和寺庙，以及通往这些宗教建筑群的5段古道。

㊂ 伊势神宫是位于日本三重县伊势市的神社，主要由皇大神宫和丰受大神宫构成。伊势神宫的建筑样式来源于日本弥生时代的米仓。伊势神宫堪称日本人的精神支柱，自建造起没有外国人能够进入，直到1957年才对外国人开放。与日本其他神社不同，伊势神宫的保安都是日本自卫队的警察，这本身就说明这座神宫有政治意义。

性会到神社参拜，会阅读杂志上关于日本神社、寺院的专栏文章。书中指出，据《社会意识舆论调查》显示，日本从2000年到2010年，20～30岁男性中爱国意识"强烈"的人所占比例增加了15.2个百分点，女性中增幅最大的年龄层是30～40岁，为10.4个百分点。根据NHK放送文化研究所的调查报告《日本人的意识》显示，认为"在看到日本的古寺或者传统民宅时，能感受到亲切感"的人占总人数比例，在1988年的调查中，16～19岁为63%，20～24岁为71%；而在2003年后，这个比例又有所增加；到2008年，16～19岁为69%，20～24岁为87%。

《第四消费时代》作者三浦展将这种趋势与"美国化"联系在一起，他认为很长时间的"经济大国化"就是欧美化，整个世界的生活方式开始变得千篇一律，越来越多的日本人开始在日本传统文化方面找到认同，这有别于美国化大规模消费的生活方式，而是日本传统的"与自然共生"的文化和生活方式。此外，拥有海外旅行的经验、真正接触了美国的生活后，日本人开始关注日本清洁和安全的好处。

前文分析过，我国的一、二线城市正处于第三消费时代向第四消费时代过渡的阶段，三、四线城市正处于第三消费时代。我国去过这些城市的人或城市当地居民会发现纽约、巴黎、伦敦、东京等全世界著名的大都市与北京、上海、深圳、广州等我国一线城市没有太大的区别，相反北京、上海、广州具备不同的历史风韵，更加贴近自己的生活，这时我国越来越多的人开始寻找文化认同，于是发生了传统文化热，出现了众多国潮品牌。如果说美国文化与日本文化代表已经发生和正在发生的大趋势，那么我国传统文化就是正要或将要发生的最大趋势，必须关注。

回顾本章，我们通过Facebook、Snapchat等拥有百亿美元市值的公司理解了小众人群的价值，也明确了基础需求与文化需求的差异，并且找到了从小众人群中寻找新小众人群，从大趋势中寻找小众人群这两种方法。

既然找到了小众人群，我们就需要借助小众人群创造潮流。事实上，我们回顾茶在日本流行的故事时，可以发现最澄高僧、千利休及日本的皇室、贵族这一类人起到了比其他人更重要的作用，正是他们的喜好影响了其他人对于茶的好恶。无独有偶，lululemon 在开拓新城市的过程中，瑜伽教练、健身教练这类人也起到了比普通瑜伽爱好者更重要的作用；在 Supreme 流行的过程中，在比特币诞生的过程中，在耐克 AIR FORCE 1 从停产到流行的过程中……都存在着一类人群，他们的建议和喜好影响着整个小众人群的走向。如果只沿用"用户"一词则无疑低估了这类人群的能量，而用"超级用户"一词指代他们更为恰当。理解超级用户正是我们接下来需要解决的命题。

第 3 章
超级用户

3.1 超级用户：影响小众人群的更小众

第 2 章提到的《乐队的夏天》在 2019 年的夏天掀起了乐队热潮。这档筹备了 8 个月的原创音乐综艺节目请来了反光镜、痛仰、新裤子、旅行团等 31 支乐队，米未传媒公司创始人、《乐队的夏天》的出品人马东用摇滚乐队圈的"半壁江山"来形容这一阵容。刺猬公社的《从＜奇葩说＞到＜乐队的夏天＞，小众出爆款的逻辑是什么？》[一] 报道了马东寻找乐队的过程："《乐队的夏天》一共筹备了 8 个月，从最早确定选题方向，到开始找一些乐队，找着找着发现，乐队都在一些来历不明的机构里，比如摩登天空。""在摩登天空的帮助下，米未又认识了许多音乐机构，比如太合、街声等。接触得越多，他们越坚定这条路是能走下去的，因为他们发现，乐队里面的人非常有趣。"

由此可见，摇滚乐队圈存在一个核心圈子，这个圈子既有新裤子、痛仰、面孔、刺猬等乐队，也有摩登天空、太合、街声等音乐机构，还包括丁太升、刘阳子、李源等乐评人。米未传媒公司制作一档原创音乐综艺节目就是从摇

[一] 刺猬公社，周蕾，https://mp.weixin.qq.com/s/ybA4ERBY-0Lbvo2GRPRdJA。

滚乐队圈中的这样一个核心圈子开始的。

稍加留意观看《乐队的夏天》这档节目，就能发现这些乐队成员之间的关系远比我们想象中更紧密。在第一期节目的乐队互相投票的环节，反光镜乐队将票投给了面孔乐队、痛仰乐队、海龟先生乐队、旅行团乐队、新裤子乐队，理由基本都是"老乐队""好朋友"，从后面的节目中也可以发现他们确实是好朋友。在新裤子乐队与反光镜乐队对决的时候，新裤子乐队的彭磊就回忆了早年新裤子乐队与反光镜乐队一起演出的场景。在总决赛的舞台上，新裤子乐队邀请了反光镜乐队的李鹏共同登台演出。在新裤子乐队邀请3unshine组合Cindy演出的花絮中，新裤子乐队在音乐节演出的时候，邀请了刺猬乐队的石璐担任鼓手，而在《乐队的夏天》节目里新裤子乐队的鼓手也帮助海龟先生乐队打鼓。

这些乐队成员之间不仅关系紧密，还有共同的价值观。乐队圈有一种说法，唱摇滚的"鄙视"唱民谣的，但自称"快乐民谣"的旺福乐队在第一期节目的乐队互相投票环节获得了第四名（去除自己多投的票数）的成绩，超过成立了30年的面孔乐队，得到了乐队间的认可；只由两个女生、一把吉他组成的几乎无人知晓的斯斯与帆乐队不仅最终获得一众知名乐队的认可，更被刺猬乐队邀请成为助演嘉宾，参与女神挑战赛；由两个年轻人组成的click#15乐队凭借其出色的音乐能力，经历了入选－淘汰－复活－惜败－再复活的过程，获得了《乐队的夏天》第一季"HOT5乐队"的称号。相反，创作了《春风十里》并获得众多明星翻唱、在北京工人体育馆开过演唱会的鹿先森乐队却在第一轮被淘汰。无论是新裤子乐队、刺猬乐队，还是著名制作人张亚东、高晓松都曾在节目中表达过无法认同鹿先森乐队的音乐风格。

具有相同价值观的小圈子的意义在于可以只通过"搞定"少数几个人就

有可能以同样的方式影响这个小圈子里的其他人,就像"搞定"新裤子乐队、面孔乐队就能说服其他乐队参与一样。

米未传媒公司的另一档综艺节目《奇葩说》也有类似的故事。胡渐彪、陈铭等《奇葩说》的早期辩手都活跃在 21 世纪初的辩论比赛上。赛场上,他们是对手;赛场下,他们一同聚餐游乐,成了好朋友。大学毕业后,他们走入了各自的人生轨迹,胡渐彪做了新闻主持人,陈铭成为综艺节目主持人[一],直到 2013 年,颜如晶在马来西亚参加国际华语辩论邀请赛,胡渐彪等人一同组成"活泼老僵尸队"开战,并毫无意外地蝉联数界冠军。也是在这一年,《奇葩说》找到了"活泼老僵尸",使这些曾经叱咤风云的辩手成为"老奇葩"。

更小的圈子在其他小众群体中也非常明显。从 2017 年的嘻哈乐节目开始,我国的综艺节目便面向小众人群市场,如脱口秀领域的《吐槽大会》和《脱口秀大会》,街球领域的《这!就是灌篮》和《我要打篮球》,带有中国风的《国风美少年》(见图 3-1),街舞领域的《这!就是街舞》和《热血街舞团》。这些节目都有自己的小圈子。脱口秀有制作《吐槽大会》《脱口秀大会》的笑果文化、山羊俱乐部、北京脱口秀俱乐部及各地正在新建的俱乐部;街球有 CUBA(中国大学生篮球联赛)、NBL(全国男子篮球联赛)、虎扑路人王[二]及各地方街头篮球比赛……

这些小众圈子也会像乐队一样出现圈子间互斥的情况,比如街球圈和专业训练的学院派会有比较大的冲突,《这!就是灌篮》干脆分成街球派、学院派进行对抗,筛选球员。

[一] 《当"奇葩"不再奇葩》,微信公众号"首席人物观",作者王明雅,https://36kr.com/p/5266242。

[二] 虎扑体育举办的篮球赛,以季度为大赛单位,每个月会举办 12 场城市赛和一场选拔性质的冠军排位赛。

事实上，不仅仅是乐队、街球等小众人群，前文提到的 Supreme 背后的街头滑板群体、比特币背后的密码朋克，这些小众人群中都存在人数更少但价值观相同、影响力更大的小圈子。

图 3-1　爱奇艺出品的中国风节目《国风美少年》

这种更小的圈子往往蕴藏着巨大的价值，只要加以发掘就能创造巨大的商业价值，如电动车品牌特斯拉以 0 元广告投放的方式做推广的秘密就在于此。

3.2　特斯拉：如何以 0 元广告投入做营销

据特斯拉财报显示，2019 年特斯拉销售 36.75 万辆车，所产生的营销费用总和只有 1.86 亿元，也就意味着每辆车的营销费用仅为 500 多元，远低于大众的 1.6 万元 / 辆、奔驰的 3 万元 / 辆的营销费用。而特斯拉的营销费用主要集中在发布会、公关传播方面，在传统车企热衷投放的广告方面，特斯拉的投放费用是 0 元。

第 3 章 超级用户

很多观点认为，这是因为特斯拉创造了颠覆性的产品，超预期产品自发形成了传播，从而以极低成本获得用户。事实上，大多数人对于陌生事物并没有那么友好，人们会本能地抗拒陌生事物，选择他们更熟悉的。在汽车刚发明出来的时候，人们并不认同这一颠覆性的发明产品，为了便于人们理解汽车的用途，很多汽车制造商不得不照着马车的样式设计汽车，从而降低用户的认知成本。可以说，一个事物的颠覆性越强，通常带来的陌生感越大，认知成本就会越高，也就意味着很难流行起来。

那么，如 iPhone 之类的颠覆性产品是如何流行起来的呢？**答案是找到一群懂 iPhone 的人。**

众所周知，iPhone 除了具有打电话、发短信的功能外，从样式到使用体验都与以往的手机完全不同，但 iPhone 在刚推出来的时候，苹果公司和乔布斯已经有了世界级的影响力，第一代 iPhone 发布会吸引了全世界科技爱好者的目光，在这些科技爱好者的推荐下，iPhone 迅速流行起来。

在任何一个组织、任何一群人中其实都存在更有影响力的个体，比如在微博、抖音里存在拥有千万粉丝的大 V，他们的一句话、一条视频可以影响千万名普通用户；在淘宝直播里，李佳琦的一次推荐可以让数以万计的人下单购买；在企业中，老总的一个命令可以驱动整个公司员工。同样，在科技爱好者中，乔布斯、比尔·盖茨、扎克伯格、拉里·佩奇这些成功者就有着影响整个群体的能力，影响这些人就能在某种意义上影响整个科技爱好者群体。

马斯克在《特斯拉的秘密宏图》一文中也表露出这个战略：**先造高端车，卖给高端市场消费者，再用赚来的钱去研发更亲民的车，卖给大众。**

特斯拉 CEO 马斯克是硅谷的名人，他曾经先后创立了在线内容出版软件

Zip2、全球知名的支付工具 PayPal；2002 年 6 月，又成立太空探索技术公司（Space X）。特斯拉很早就获得了硅谷的关注；2006 年，在特斯拉推出第一辆双座敞篷概念车 Roadster（见图 3-2）以后，特斯拉就完成了 4 000 万美元的融资，投资方包括德丰杰、优点资本、JP 摩根等著名投资机构，谷歌创始人拉里·佩奇、谢尔盖·布林及马斯克本人。

图 3-2　特斯拉的第一款概念车 Roadster

2006 年 7 月，特斯拉正式对外公布电动车计划，这次活动吸引了著名影星施瓦辛格、迪士尼前 CEO 迈克尔·艾斯纳及拉里·佩奇、谢尔盖·布林等社会名流和硅谷精英。马斯克在活动上除了展示酷炫的产品设计，强调其从起步加速到每小时 60 英里（1 英里 =1.609344 千米）只需要 4 秒，远远超越当时所有的电动车的性能外，还着力向在场人士推销特斯拉的理念：**特斯拉不是一家简单的制造、销售汽车的车企，而是一家运用各种技术，梦想改变出行的科技公司**。相比拥有一辆酷炫的电动车，用技术改变世界的伟大梦想更能打动这些热衷技术、热爱冒险、希望改变世界的硅谷精英们，特别是在他们当场试驾 Roadster 后。虽然售价高达近 9 万美元，一次只能试驾 5 分钟以避免车体过热，现场仍有 30 人承诺购买特斯拉的概念车 Roadster。这次活动同样获得了媒体的关注,《纽约时报》就刊登了关于特斯拉的报道。

笔者曾在《精益营销第一课：产品冷启动》一书中提出一个公式,用于解释口碑传播产生的原理（见图3-3）。营销,特别是内容的传播,是在目标消费者脑海里建立起一个预期,当用户真正使用产品的时候,会与预期作比较,与预期一致时会继续使用产品,低于预期会放弃产品并给出负面的评价,超出预期会继续使用产品并且推荐给身边的人,也就是产生口碑传播。

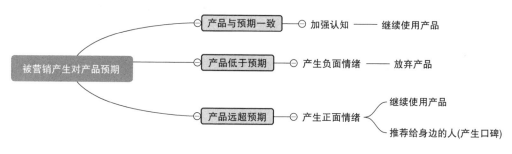

图3-3　口碑传播产生的原理

特斯拉早期口碑的基础是"拥有一辆Roadster是一件与众不同的事情",这种与众不同既包括特斯拉作为电动车做出的产品层面创新,比如加速更快、续航更长、OTA（空中下载技术）更新,又包括拉里·佩奇、谢尔盖·布林等硅谷名人及各大媒体的认可。马斯克每天会在谷歌上搜索有关特斯拉的新闻,如果他看到了负面消息,即便特斯拉的公关人员没有办法让记者改变自己的观点,他也会指定一个人去"更正他"。

在乔·麦克尼尔（Jon McNeill）担任特斯拉全球销售和服务总裁后,更是将特斯拉描绘成一家提供生活方式的公司,一家为了地球的可持续发展而存在的公司,他要求特斯拉的销售人员不要向用户推销车辆,而是向他们推销特斯拉的理念,推销科技生活方式。这个要求保持至今。

而马斯克对于产品极致的要求也实现了用户口碑的闭环：用户认为拥有 Roadster 很酷，开 Roadster 时确实很酷，因此用户愿意继续晒出 Roadster，并带着某些炫耀的意味向其他人推荐。

于是风险投资人、硅谷精英、社会名流们都以能订到一辆 Roadster 为荣。一些硅谷精英们甚至直接到特斯拉总部，当场订购。原本认识马斯克的人更是绞尽脑汁，使用各种手段，希望能通过马斯克买到一辆 Roadster。由于性能问题和量产的难题，Roadster 数量稀少，间接形成了饥饿效应，拥有一辆 Roadster 逐渐成为身份的象征，这些高端市场消费者愿意在各种场合晒出 Roadster，他们身边的人也因此对 Roadster 及特斯拉的其他产品产生了兴趣，并在某个时刻成为特斯拉的车主。

由此，马斯克通过产品创新、品牌理念满足了美国极具话语权的精英阶层的喜好，形成了口口相传的口碑营销模式。特斯拉在给股东的信中也印证了这种模式的有效性："我们观察到，固定区域的订单量与当地的汽车送达量呈现正相关——这意味着，我们的客户正在主动把汽车推销给别人。""随着更多人在马路上看到我们的车、参与试驾，或者与另一位 Model S 的车主交谈，更多购车需求就会被创造出来。尽管没有任何促销活动、广告预算、付费代言等，需求还是大大超越了供给。"

相信有互联网从业经验的人都知道用户转化漏斗模型（见图3-4）。用户转化漏斗模型本身就是一个筛选用户的过程，先广撒网，大规模获取用户，无论是在互联网、移动互联网，还是线下，进行反复曝光，最典型的就是"今年过节不收礼，收礼只收脑白金"的脑白金广告，像背诵英语单词一样，让用户反复看到广告语，并最终产生记忆（相关推广方式参见《精益营销第一课：产品冷启动》一书）。让用户在使用产品后，逐渐认可产品，再经过与产品深度的联系,如长期使用、与品牌互动,最终沉淀为产品的资深粉丝。

然而广撒网意味着存在预算的浪费,大量不匹配的用户和销量制造出一种虚假的繁荣景象,随着企业竞争的加剧,持续推升了流量的成本,原有的广撒网获取用户的方式变得越来越困难。

图 3-4　用户转化漏斗模型

特斯拉则反其道而行之,先从能影响小众人群的一群人开始,通过让他们成为粉丝,进而形成口碑传播,再撬动小众人群中的其他人购买特斯拉,实现以极低的成本完成营销的过程。

这个与用户转化漏斗模型完全相反的方法背后又有着什么逻辑呢?

3.3　互联网 1∶9∶90 法则

因为不同的人各自经历不同、下功夫不同及接触领域时间早晚不同,一个组织中会出现分层的情况。帕累托法则("二八定律")指出:在任何情况下,事物的主要结果只取决于一小部分因素。"二八定律"普遍存在于生活之中,如公司 80% 的业务收入由 20% 的销售创造,一个行业里 80% 的收入由 20% 的企业创造。进入互联网时代，很多人强调"用户主导的创造内容降低了用户制作内容的门槛，让更多人从内容的接受者变成制作者"，然而事实是越来越多的网络运营人员发现，在一个网络社群中，90% 的用户只看内容并不参与互动，9% 的用户会进一步参与讨论，而只有 1% 的用户会积极创造内容，于是产生了互联网时代的 1∶9∶90 法则（见图 3-5）。雅虎发展战略部副总裁布拉德利·霍罗维茨（Bradley Horowitz）在研究了用户使用雅虎群组、图片共享网站 Flickr（2005 年被雅虎收购），以及维基百科（Wikipedia）的共同点后，也认同了 1∶9∶90 法则。因产品的受众不同，1∶9∶90 的比例会出现变化，比如维基百科因为有大量的谷歌流量，其比例达到了夸张的 0.003∶0.2∶99.8，但我们仍可以借鉴类似的分类方法将互联网时代的小众人群分为超级用户、核心用户、普通用户。

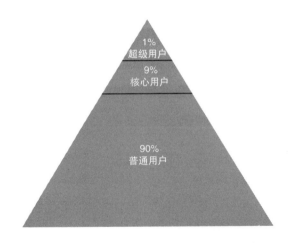

图 3-5　互联网时代的 1∶9∶90 法则

（1）超级用户：通常这类人是小众人群里的早期参与者和拥有突出技能者，这些人通常规模相对很小，但影响力巨大，往往能够影响整个圈子，比如新裤子乐队、面孔乐队、痛仰乐队一旦参加《乐队的夏天》，不仅会吸引很多摇滚爱好者关注，还能吸引其他乐队参加；比如经过摩登天空的介绍，米未很快和太合、街声达成合作；再比如在马斯克的战略中，正因为最早一批购买 Roadster 的名流、精英等高端市场消费者的认可，让其他人对特斯拉产生了兴趣。

（2）核心用户：比起超级用户，核心用户可能拥有一定的技能，具备一定的影响力，但他们在很大程度上是超级用户的追随者，比如经常参加各种音乐节、到 LiveHouse 观看演出的乐迷，再比如追随拉里·佩奇、施瓦辛格、迈克尔·艾斯纳的投资人，硅谷从业者们。核心用户个人的影响力可能不如超级用户，但他们的规模更大，群体的影响力更大。同时，他们更大的作用在于连接普通用户。

（3）普通用户：相比超级用户、核心用户，普通用户是真正大规模的用户群体，但他们仅仅是小众人群中的接受者和追随者，很容易受到核心用户的影响从而成为超级用户的追随者。

相比大海捞针式的用户转化漏斗模型，采用先触达超级用户，再影响核心用户，进而影响普通用户的方式，可以最大限度利用有限的资源，降低无效营销，以相对低的成本取得更好的效果。除了特斯拉外，很多基于互联网诞生的新消费品牌正在通过这个逻辑，以较低成本实现快速增长，国产彩妆品牌完美日记就是其中之一。

3.4 超级用户 – 核心用户 – 普通用户：完美日记的推广路径

2019 年 9 月，成立不足三年的国产彩妆品牌完美日记完成了新一轮的融资，高瓴资本领投，红杉中国、华人文化跟投，估值超过 10 亿美元。完美日记诞生于 2016 年，2017 年才在天猫开设旗舰店，然而从 2018 年开始，完美

■ 潮流：品牌引爆、出圈背后的秘密

日记像"开挂"一样，首次参加天猫"双十一"就仅用90分钟突破1亿元销售额，于"双十二"占据天猫彩妆品类销量第一，并持续了8个月。2019年天猫6.18促销活动，完美日记跻身"亿元俱乐部"，位居美妆类目第一，销售增速达1193%。

完美日记的产品部门几乎全是"90后"的年轻女性，这与完美日记的面向18~28岁女性消费者的定位完全契合，她们深谙年轻一代对美妆的需求，在不到三年的时间里，推出了底妆、眼妆、唇妆、卸妆产品及化妆工具多个品类，500多款产品。性价比是完美日记的撒手锏，完美日记与Dior（迪奥）、YSL（圣罗兰）等知名国际品牌的代工厂合作，而单品价格在40~150元，仅为Dior、YSL、雅诗兰黛等同类产品的几分之一。

完美日记出色的业绩也离不开推广的功劳，不仅请来在《偶像练习生》节目中成功出道的组合NINE PERCENT的成员朱正廷，以及苏打绿主唱吴青峰先后作为完美日记的代言人，还请张韶涵、欧阳娜娜、林允等明星在小红书发布种草贴，获得了10余万的点赞量。此外，完美日记还与大都会艺术博物馆推出联名限定版口红（见图3-6）。

图3-6　完美日记与大都会艺术博物馆推出联名口红

完美日记不只是通过明星做广告,《通过数据挖掘,我们研究了完美日记的两大增长策略》^㊀一文研究了完美日记在小红书、抖音、微博等 18 ~ 28 岁女性用户群体的主战场投放广告的情况。通常,美妆类产品在上述平台会根据预算,选择粉丝量较大的头部账号进行广告投放,借助头部账号的巨大影响力快速提升产品的知名度,形成销售转化。

然而,完美日记并没有一味寻找大牌明星代言,而是将广告费投放到另一类人,并由他们创造了更大的影响力。文章中将完美日记投放的账号分成了明星(明星实名认证,如朱正廷)、知名 KOL(加 V 认证,如李佳琦)、头部达人(粉丝数 > 50 万)、腰部达人(5 万 < 粉丝数 < 50 万)、初级达人(5 000< 粉丝数 < 5 万)、普通用户(300 < 粉丝数 < 5 000)六类,投放他们的比例依次是 1∶1∶3∶46∶100∶150,与前文提到的 1∶9∶90 的金字塔结构极为相似。数据显示,粉丝量较少的腰部达人和更少的初级达人提供了远超明星、知名 KOL 的影响力,也就是说完美日记的爆红是与少量的明星和知名 KOL 合作,制造声势,再与头部达人合作,进一步提升影响力,从而广泛地与腰部达人、初级达人建立深度合作关系,营造出大规模的用户在用完美日记的盛况后,吸引普通用户"跟风"使用完美日记产品。

"跟风"不仅存在于完美日记的推广中,寻常事物的流行几乎都与"跟风"有关。Supreme、耐克的流行是因为我们身边有很多人都穿着这些品牌的服饰鞋帽,Facebook、Snapchat 乃至微信的流行是因为身边人都在用它们,喜茶的流行是因为朋友圈里有很多人在晒喜茶的照片,lululemon 的流行是因为练习瑜伽的人都在穿……因为大家都在吃、都在用,所以"我"也要。

㊀ 《通过数据挖掘,我们研究了完美日记的两大增长策略》,增长黑盒,Zac&Yolo,2019 年 8 月,https://mp.weixin.qq.com/s/mPTiTm-kLXE6uZR9mj2ZSg。

那人为什么会"跟风"呢？因为模仿是人类的天性。

3.5 模仿：从超级用户开始到亿万用户增长的底层逻辑

想象一下，我们回到学校选班长的时刻，一共有四个候选人：王芳、李伟、张丽、李强。这次评选是采用公开投票的方式，之前很多人认为李强成为班长的可能性最大，但第一位投票的同学选择了王芳。这时候神奇的事情发生了，王芳一路领先，最终成为班长，而李强屈居第二。评选结束后，有同学问第一位同学选择王芳的理由，他给出的答案是王芳在四个名字里排在第一，李强就这样败给了排名顺序。

宾夕法尼亚大学沃顿商学院市场营销学教授乔纳·伯杰（Jonah Berger）在《传染：塑造消费、心智、决策的隐秘力量》一书中详细解释过这一现象：意大利科学家在研究猴子剥花生的过程中发现了"镜像神经元（mirror neurons）"。研究人员发现模仿是人类的天性，大脑皮质决定了人类会观察其他人的动作并尝试做出相似的动作。因此，我们在看电影时，看到剧中人的微笑也会微笑，看到剧中人受苦也会感到心里难受。几乎从出生第一天起，人类就开始了模仿行为，刚刚出生的婴儿在听到其他婴儿的哭声后也会哭，并模仿他们的表情。

模仿也贯穿我们的日常生活，有一个人打了一个哈欠，很快哈欠就"传染"周围的人，一个接着一个地打起来。著名的"破窗效应"就是讲有人打坏了一幢建筑物的窗户玻璃，这扇窗户如果得不到及时维修，别人就可能受到某些示范性的纵容去打烂更多的窗户。再比如前面提到的班长评选，王芳获胜得益于第一个同学的投票，其他人开始模仿这位同学，最终王芳获得了胜利。

《传染：塑造消费、心智、决策的隐秘力量》一书还记载了一个有趣的案例。在一个加油站收购案的谈判过程中，买卖双方因为价格出现了分歧，迟迟无法达成一致，而一个小技巧改变了这一局面：模仿谈判对象的行为举止。在研究人员的多组对照实验过程中，研究人员要求买方偷偷模仿卖方的言谈举止，"卖方揉脸他也揉脸，卖方靠着椅子坐，他也靠着椅子坐，卖方弯腰他也弯腰。但研究人员要求买方不能模仿得太明显，要小心翼翼地不能被对方发现。"㊀

实验证明，这种模仿对方的方法可以将成功率提高4倍。模仿令双方关系融洽，更容易建立信任关系，转变了"我们和他们"的局面，使大家变成同一类人。

模仿也是普通用户追逐潮流的主要路径。在本书引言Supreme的故事里，笔者在尝试理解潮流品牌Supreme时，采用的最佳途径就是向身边了解Supreme的潮流达人请教学习，而这位潮流达人成长为达人的关键是他身边有很多潮流达人，他在接触这些人的同时也在模仿他们，最终成长为潮流达人。这些潮流达人大多是文化的模仿者。在潮流品牌领域，笔者是普通用户，而在其他某些领域，笔者又是"核心用户"。笔者于2018年开始接触区块链，在微信的朋友圈里分享过很多篇关于区块链的文章，也在一些聚会上说明了自己正在做区块链方向的项目。后来，不知不觉间，有很多朋友开始向我了解区块链的原理，咨询区块链领域可以拓展的一些方向。在很长一段时间里，即使我并不能给予他们一个满意的答案，他们依然认为我可以扫清他们关于区块链的一些疑惑。于是我"被"认为是朋友圈里的"区块链"专家。

㊀ 《传染：塑造消费、心智、决策的隐秘力量》，[美]乔纳·伯杰，电子工业出版社，2017年8月出版。

无论是笔者在区块链领域的身份还是笔者的潮流达人朋友之于 Supreme 的用户群，我们至多算是 1∶9∶90 法则中的核心用户，相比普通用户，我们更早地接触某领域的内容，会向普通用户传播文化、传播这些内容，但相比超级用户，我们仅仅是追随者，我们更多的价值在于传播文化、传播内容，而不是创造内容。

因此，在完美日记的案例里，明星的代言仅仅是营销的一环，他们将更多资源广泛投放腰部以下的小众 KOL。事实上，完美日记也是利用"模仿"的原理，先与明星、知名 KOL 合作，再影响头部达人、腰部达人、初级达人，进而影响普通用户，最终实现了小红书、微博、抖音等平台的用户共同讨论完美日记的声势。

那么，什么样的用户是超级用户呢？笔者认为有两类人具备超级用户的潜质，一类是迫切需要者，另一类是内容创作者。

3.6　寻找超级用户

3.6.1　有高频刚需的人群

在本书的前言里，笔者介绍了 2019 年完成的一个海外通信 App：经过调研，我们发现出租车司机对通信 App 有极为迫切的需求，他们需要与其他出租车司机沟通；需要与远在异地的家人沟通，是有刚需（更需要沟通）的一群人。因此，我们选定了这类群体进行重点突破，在几乎零成本的情况下，以远超预期的速度成为当地最流行的 App。

在 Snapchat 的故事里同样存在着有刚需的一群人。在橘郡中学禁用了

Facebook 以后,当地中学生不得不寻找 Facebook 的替代品,而 Snapchat 的"阅后即焚"功能让中学生们可以毫无顾忌地联系好友,他们同样是更需要 Snapchat 的一群人。

寻找一群有刚需的用户也源于笔者在职场社交 App 脉脉的早期经历。脉脉上线之初也是围绕流量进行运营的,在尝试过应用商店、微博、论坛等推广方式后,用户留存仍不尽如人意。而领英(LinkedIn)的早期经验给了我们启发,《LinkedIn 增长揭秘:262 亿美元的增长引擎是如何练成的?》[一]一文记录了领英早期用户增长的过程:

"LinkedIn 在一开始只聚焦于硅谷科技圈。在产品刚发布之后,公司的几个合伙人就邀请他们在之前的工作中结识的硅谷科技圈的知名人士来使用自己的产品。'在产品最初上线的一段时间里,我们推得很慢,因为我们想确保 LinkedIn 的模式是可行的。'

在邀请职场人士使用 LinkedIn 的过程中,Hoffman(霍夫曼)只选择邀请那些有号召力的成功人士,这些成功人士的使用能为 LinkedIn 添加很多耀眼的光环,其他人也会被这些光环吸引去使用 LinkedIn。很快,LinkedIn 就成为硅谷的职场人士认识潜在投资者和顾问的必须使用的平台。有一句格言说得好:'你懂什么不重要,重要的是你认识谁。'LinkedIn 就是最好的例证。"

硅谷商业精英使用领英后,带动了一大批硅谷职场人士成为领英的早期用户,这批人也成为领英下一阶段病毒式增长的核心用户。伴随着互联网在各个领域落地生根,领英成为寻找互联网人才的主要渠道,领英也开始慢慢走出硅谷,走进大公司,走向全球。

[一] 欧开磊,微信公众号"WPS+",2017 年 3 月 31 日,https://36kr.com/p/5069014。

> 潮流：品牌引爆、出圈背后的秘密

参考领英的早期经历，脉脉也先聚焦在创投人群，他们对人脉有更大的需求，需求也更高频。脉脉选择在 36 氪、品玩等创投媒体投放广告，还针对创业公司开展送零食活动，吸引了一批创业公司成员的关注。随后产品逐渐传播到百度、腾讯、搜狗、360 等知名互联网公司，最终成为互联网人才的聚集平台。

不仅是 Snapchat、领英、脉脉，本书提到的很多案例都存在着有刚需的一群人。在耐克的故事里，耐克创始人菲尔·奈特曾是学校田径队的一员，创立耐克后也保持着慢跑的习惯，有慢跑习惯的人都能理解跑步者对于跑鞋的需求。耐克另一位创始人比尔·鲍尔曼更是田径队的教练，曾训练出美国一流的田径选手，耐克著名的 Cortez 跑鞋就是他根据自身的需求对跑鞋改进而成的。耐克聘请的代言人史蒂夫·普雷方丹曾握有美国从 2 000 米到 10 000 米 7 个项目的纪录，被誉为"美国长跑奇才"，他自然也属于有刚需的那群人。迈克尔·乔丹、泰格·伍兹、罗纳尔多⊖、罗杰·费德勒⊖ 等耐克的代言人也都是各自领域的"普雷方丹"。

为什么这群人会成为极其重要的超级用户呢？因为这些人是他们擅长领域的高频刚需用户。高频是指相比普通用户，这些人会以更高频率使用这些商品，因为高频使用，他们往往会给出更专业的建议，这些建议会影响不熟悉该领域的人购买、使用那些产品，甚至是影响他们的喜好，也就出现了 3.5 节提到的"跟风""模仿"。

⊖ 罗纳尔多（Ronaldo），三度获得世界足球先生称号，1998 年获得世界杯最佳球员称号，2002 年获得世界杯金靴奖。

⊖ 罗杰·费德勒（Roger Federer），拥有职业网球联合会（ATP）史上最长连续单打世界第一周数的纪录，斩获 20 次大满贯男子单打冠军 、10 次亚军，众多评论家、现役与退役的选手认为他是史上最伟大的球员之一。

刚需就是刚性需求，和高频类似，意味着对商品的迫切程度。对一些人也许是可有可无的商品，但对这些人就是必需的，比如脉脉的人脉功能。人脉是一个褒义词，貌似人人都需要，但对人脉的迫切需要程度差异很大。有些人往往几年内也不需要人脉帮助他们找工作、办事，而创业人群对人脉的需求就极为迫切，他们需要找投资、找合作伙伴、招聘员工，同样投资人也需要找项目，这都需要人脉。

那么如何找到这群人，笔者常用的方法是先确定小众人群，再做减法，减掉不重要的人群，这样更为重要的人群就逐渐清晰了。以脉脉为例，最初面向的人群复杂，在聚焦到互联网人群后，用户群就清晰了，然后精简到互联网人群中的创投人群，就找到了更为重要的一群人。

完成人群聚焦工作后还需要一个验证的过程，验证相对于其他人，产品对我们聚焦的人群是否是高频刚需。比如即使是专业瑜伽教练，日常穿着lululemon的次数也很少，但与其他人比较，瑜伽教练就是高频刚需的用户群。（有兴趣的读者可以回顾本书提到的其他案例，找到这些案例中的超级用户。）

我们换个思路思考瑜伽教练这个群体，他们不仅是更需要瑜伽服饰的一群人，还是具有内容创作能力的人群，起初他们在线下指导普通用户练习瑜伽，一个人会影响几百上千人，而互联网的出现，让这些教练通过制作文字、图片、视频素材有机会影响数以万计、数以十万计甚至是更大规模的人群，因此，具有创作能力的人同样是极具影响力的超级用户。在社交媒体时代，通过内容积累形成一定粉丝规模的KOL就是典型的超级用户。

3.6.2 持续产出影响力的KOL

自2018年开始，从社区起家的小红书App再次成为科技圈、营销圈关注的焦点，与之前的海外购物经验分享不同，"种草神器"成为小红书的新标签。"种草"并非是通常意义上的种花种草，而是时下年轻人相互交流的网络流行语之一，指"宣传某种商品的优异品质以诱人购买"的行为。

提起种草就不得不提到有"口红一哥"之称的李佳琦，这位1992年出生、曾在柜台卖某品牌化妆品的美容顾问，因为偶然的机会成为这个品牌的淘宝直播的主播。凭借着其多年柜台工作积累的经验，李佳琦快速成为一名知名的电商美妆主播。

在直播中，李佳琦会拿出一套口红，直接涂在嘴唇上，在镜头前以各个角度、远近距离、全方位展现给观看直播的观众。李佳琦描述口红颜色的方式也十分独特，他会用两个以上的形容词叠加在一起，比如红色里面带一点点番茄色、土色调的豆沙色等，很容易让用户感知到不同色号口红准确的颜色。

李佳琦还会反复使用"涂着不老气""一点都不拔干""oh my god（哦，我的天）！这个颜色好好看"，甚至是"这支颜色好丑，不要买！"等带有很强感情色彩的表达方式对每个口红进行评价，这种简单直接的方式，受到很多女性用户的欢迎。

除了口红颜色外，李佳琦还会设计使用效果，比如用"空姐喷雾、秒变某某明星、素颜神器、在丝绒和奶油之间、不干不油、零失误色好高级、唯一水做的防晒霜"等来表达，这种表达方式实际上降低了直播观众认知这个产品的门槛，使其立即产生兴趣，快速达成交易。因此，2018年"双十一"，李佳琦可以在5分钟卖掉15 000支口红，击败了直播卖口红的马云。

如果单独比较李佳琦和马云的影响力，马云无疑远胜李佳琦，为什么李佳琦的带货能力可以远超马云呢？这要从李佳琦与马云的用户群说起。

传统电商是货架模式,用户在使用淘宝、京东、亚马逊的时候,就像逛线下的超市、音像店似的,一个货架一个货架地浏览商品,只是这些电商网站在互联网上,不存在架设货架和占用场地的成本,因此出现了传统意义上的"冷门商品"高速增长,变得不再"冷门"的情况。随着商品逐渐增加,为了便于用户筛选合适商品,电商网站上先后出现了搜索功能和个性化推荐功能,便于用户筛选。但商品种类依然在增加,每个品类下的商品也在增加,用户筛选一个适合的商品的门槛依然很高。以口红为例,按光泽可以分为非常透明的光泽类、稍带光泽的透明类、不透明光泽少的乳脂类、不透明无光泽的亚光类;按质地可以分为唇膏、唇彩、保湿口红、持久口红;按品牌划分,有YSL、MAC、Dior、Channel、Tom Ford黑管、纪梵希、兰蔻等品牌,有花钰集、毛戈平、火烈鸟、雅邦、芭莎、巧迪尚惠等国产品牌,还有美国、日本、韩国等国家/地区的品牌;还可以按颜色和色号划分(见图3-7),有正红色、枫叶色、暗红色等及迪奥哑光999、YSL小金条21、Tom Ford黑管38……

图3-7　仅MAC品牌口红就包括繁多的色号

消费者如何从繁多的商品中挑选一个更适合自己的商品?"种草"无疑给

出了一条通路,它极大地缩短了传统消费者对品牌"认知-偏好-研究-比较-决策-购买-分享"的电商路径,消费者只需要关注并观看李佳琦的直播。他在做"种草"直播时,会把复杂的口红术语"翻译"成普通消费者可以理解的语言,给出一些购买建议,帮助普通消费者进行消费决策,解决了消费者面对极为丰富的商品而产生的选择困难问题,自然会获得更好的转化效果。

李佳琦做内容输出并非是三天打鱼、两天晒网,而是长时间、高密度、专业地输出。他在抖音发布了超过 390 条作品,获得了超过 2.8 亿次点赞;在小红书发布超过 290 条笔记、超过 290 条视频,获得超过 1 400 万的点赞和收藏,在淘宝直播发布超过 460 条内容,获得超过 74 万点赞。

社交网络的"关注"这一动作是创造"种草号"的关键,在 2.3 节里提到通过微博超级话题将有特殊喜好的用户聚集在一起。事实上不仅是超级话题,每个人也会在一些领域建立了一定的影响力,正所谓"闻道有先后,术业有专攻",这种影响力的直观体现就是粉丝数量。正因为李佳琦在美妆领域持续输出优质内容,他在全网积累了上亿粉丝(截至 2020 年 5 月),也就是说大量内容的输出帮他积累了大量粉丝,从而建立了自己强大的影响力,成为 1% 的超级用户。

而马云虽然创建了阿里巴巴这一全球知名的互联网企业,也经常出现在各大媒体报道中,但马云发表的观点大多围绕着企业经营、业绩增长及自我成长,因为马云和李佳琦创造的内容不同,所以出现了在美妆领域,李佳琦的影响力要远超马云的现象,出现了李佳琦带货能力远超马云的故事。

事实上,做长时间、专业性的内容输出是一个难度极大、门槛极高的事情。以微信公众号为例,2017 年微信官方公布活跃的微信公众号超过 350 万个,而当时微信公众号总数已经超过 2 000 万个。2017 年后,越来越多的公众号从每天更新到每周更新再到每月更新,以至于停止更新。

正因为门槛高,人群也逐渐分层,极少数可以持续产出内容的人逐渐成为超级用户,而更多以评论形式参与讨论的人逐渐成为核心用户,更多以关注方式关注超级用户发表观点、核心用户参与讨论的人成为普通用户。因此,只要影响这些持续产出内容的人,就可以以极低的成本获得大规模的用户。前文提到的完美日记爆红的案例就是采用了这个逻辑。

笔者在所著的《精益营销第一课:产品冷启动》一书中提到直播 App 映客冷启动的故事也反映了找到超级用户这一点:

"直播 App 映客上线初期,新增用户不足,映客天使投资人、昆仑万维 CEO 周亚辉研究映客一个星期之后,就给映客 CEO 奉佑生提了意见:停掉安卓上的广告推广。

'直播要找漂亮的女孩子来当主播,她们都用苹果手机,所以 iOS 的推广很重要。你只有把主播找够了,用户才会来。'周亚辉说。安卓渠道分散,用户质量不稳定,'市场永远都是不够的,你要瞄准一个点死死地打,集中火力去轰'。

周亚辉跟奉佑生说了一个技巧,奉佑生又在周亚辉的提议上提出发微信红包吸引主播的方式,'就这么一弄,一周之后,映客就登上 App Store 畅销榜了'。"

映客做了减法,将资源集中到多才多艺的女主播这一超级用户群上,吸引她们入驻映客,让其他用户下载映客 App 后,可以直接观看这些女主播的直播,并因此成为长时间使用映客的用户。不仅是映客,抖音在拓展新市场时也是先聚集短视频的内容创作者。2018 年年底,一个抖音海外运营人员告诉笔者，抖音拓展新市场时会先与一些有创作能力的用户合作，让他们入驻抖音，再付费购买流量，将其他用户引导到 TikTok（抖音 App 海外版），然后评估投资回报率。如果整体用户留存符合目标，就继续拓展有创作能力的用户，加大付费购买流量的力度，快速抢占当地市场。这些有创作能力的用户就是超级用户。

此外，摇滚乐队领域的新裤子乐队、刺猬乐队、反光镜乐队，通过创造了一系列摇滚乐曲，成为该领域的超级用户；区块链领域的 V 神[⊖]、丹·拉雷默（网名 BM）因为创建了该领域最知名的项目成为该领域的超级用户。在脱口秀、街球、辩论等领域也存在着类似的群体。

这类具有创作能力的超级用户在互联网出现前，大多属于小众人群，其他人难接触到，而在互联网时代，社交媒体发达后，超级用户在抖音、微信公众号、小红书、微博、快手、今日头条、哔哩哔哩、知乎、雪球、下厨房等平台发布的内容越多，收获的关注者（也就是粉丝）规模就越大，也越显示了超级用户在某一人群中的影响力。

值得注意的是任何一个流行事物从诞生到流行并非是少数几个人在短时间内就能创造的，这往往需要一群超级用户长时间的孕育过程。由互联网1∶9∶90法则可知，超级用户的规模越大，他们影响的核心用户的规模就越大，影响的普通用户也就越多。而在这一孕育过程中，具有创作能力的用户创作的内容将起到更为重要的作用。内容是文化的载体，也是用户间的黏合剂，通过创作内容、传播内容，不仅使超级用户间建立更紧密的关系，还将因为网络效应产生奇妙的反应，影响更多人，从而形成潮流。我们将在第 4 章详细讲解如何形成网络效应——链接关系。

⊖ V 神，维塔利克·布特林（Vitalik Buterin），著名区块链项目"以太坊"的创始人。

第 4 章

链接关系

4.1 被忽视的网络效应

风险投资机构 NFX 用 3 年时间对 1994 年互联网出现后的科技公司进行了研究,发现有一种现象对科技公司创造价值的贡献率达到 70%。微软、Facebook、Uber、腾讯、阿里巴巴、今日头条……这些业务各异的拥有影响力的科技公司成功的基础与之相关——这就是网络效应。

简单来说,网络效应就是公司的产品或者服务会随着被不断使用而变得更有价值。以太网标准之父梅特卡夫(Robert Metcalfe)曾提出著名的梅特卡夫定律(见图 4-1):网络的价值与连接用户数的平方(n^2)成正比关系。在数字网络里,每一个节点都与其他节点互联,网络中每增加一个节点,都会与已有节点建立新的连接,因此新增连接数(网络密度)相当于节点数的平方。也就是说,网络的价值与其密度成正比关系,每一个新增节点都会让网络价值以几何速率增长。

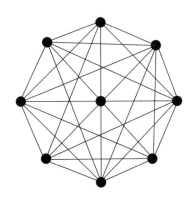

图 4-1　梅特卡夫定律示意图

社交网络是最典型的例子,当微信的用户量少的时候,一个人很难使用微信与朋友进行沟通,微信的价值就很小,但随着越来越多的人使用微信,每一个人带来的不仅是自己使用,还带来复杂的关系网络,形成更多的连接,于是微信的价值呈指数型提升,也因为连接的存在,普通人很难离开微信转而使用其他类似的软件,如米聊、易信、子弹短信,因为这些软件没有给他带来连接。

电商平台也是同样的道理,足够多的卖家会吸引更多的买家,更多的买家又会吸引更多的卖家,电商平台的价值因此会直线上升。对平台而言,核心业务的拓展,使边际成本不断降低,边际收益不断提高。

2001年,麻省理工学院(MIT)计算机科学家大卫·P.里德(David P. Reed)认为,梅特卡夫低估了网络的价值。他在研究后发现,在较大的网络中会形成小一点、更紧密一点的网络(见图4-2):比如校园内的乐队爱好者、同事中的瑜伽爱好者、家庭中的烹饪爱好者。这些小的网络进一步巩固了人们对整个网络的依附。因此,大卫·P.里德认为网络的真正价值随联网人数的增加呈指数级(2^n)增加,这个速度要远远快于梅特卡夫定律的描述。

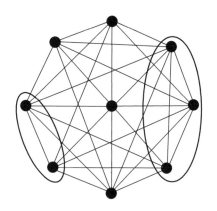

图 4-2 大卫·P.里德对网络效应的理解

大卫·P.里德的研究与我们一直讨论的小众人群极其相似,因为由某些需求构成的小众人群的小网络既是大网络的组成部分,又是大网络的基石,与大网络的价值与网络规模息息相关这一现象相比(见图 4-3),小网络的价值更多取决于另一个因素——密度。

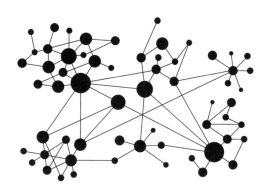

图 4-3 大网络与小网络关系示意图

通常,一个网络的密度越高,其网络效应就越强。在一个小众人群中,我们不太可能迅速地增加人(节点)的数量,形成规模效应,而应该更多增加人(节点)与人(节点)之间的连接,通过高密度来解决规模的问题。

因此，相比大众人群以规模为衡量标准，我们可以以用户密度来定义小众人群，当一群人之间相互的连接越多，用户密度就越大，这群人的价值就越大；相反，如果连接越少，用户密度越低，这群人的价值就越低。

那么，品牌如何有效地利用网络效应呢？鞋履品牌Allbirds（欧布斯）的成长过程可以给我们一些启发。

4.2 鞋履品牌Allbirds：借助网络效应，4年时间估值超10亿美元

2020年9月，Allbirds完成了1亿美元融资，这个创立于2016年的新品牌靠着一双普通的休闲鞋，仅仅用了4年时间，就从阿迪达斯、古驰、路易威登等顶尖品牌林立的红海市场中杀出，收获17亿美元的估值。Allbirds创始人、新西兰前足球运动员蒂姆·布朗（Tim Brown）本来与硅谷、好莱坞、科技、时尚等毫无关系，自2010年退役后，他到英国伦敦攻读MBA（工商管理硕士），商科的经历让本就喜欢设计的他开始思考利用新西兰丰富的绵羊资源，制作一双极为舒适的鞋。这个设想意外获得了新西兰羊毛行业的支持。经过多次试验，他选定了"美利奴"羊毛。这种羊毛很轻柔，但容易起球，并不适合做成鞋面。

2014年，众筹模式风头正劲，只有产品原型的蒂姆·布朗抱着试试的心态在众筹网站Kickstarter上为自家的羊毛鞋项目启动众筹。羊毛材质、适合洗衣机洗的特点使该羊毛鞋项目在短短4天就超额募集了12万美元。

为履行承诺，蒂姆·布朗开始通过各种关系寻找能解决羊毛材料问题的合作伙伴，终于结识了在硅谷工作的生物技术工程师兹维林格（Zwillinger），

两人创建了公司——Allbirds。蒂姆·布朗也终于和硅谷建立了关系。

对于早期的创新产品，如果无法找到愿意使用它们的用户群，就很可能会像硅谷绝大多数产品一样，默默无闻地诞生，再默默无闻地消失。在问世之初，Allbirds将用户群定义为更有消费能力的年轻女性，可现实是几乎没有女性愿意花费接近100美元的价格购买一双没有品牌、缺乏设计感的休闲鞋（见图4-4）。

图4-4　Allbirds羊毛休闲鞋样式

2016年年中，有在硅谷工作的人员开始在Twitter、Snapchat上提到Allbirds，男款的几个尺码转眼就脱销了。Allbirds在调研中发现，Allbirds无设计的风格恰好符合了硅谷工作者崇尚的极简主义及回归基本的着装风格（要知道马克·扎克伯格数年如一日地穿着灰色T恤，乔布斯的衣橱里则是只有三样——黑色高领衫、牛仔裤、New Balance 991运动鞋），几乎每个程序员都是穿格子衬衣和连帽卫衣。

Allbirds迅速将目标用户群从年轻女性调整为硅谷男性用户，于是迅速获得了一批用户。在这一过程中，Allbirds并没有停留在销售产品层面，反而尝试与硅谷人群建立紧密的关系。Allbirds在成立之初的前14个月里，只销售一款羊毛休闲鞋Wool Runner，期间它们在Instagram（照片墙）、Facebook、Twitter、Snapchat等社交媒体平台上一直与用户保持联系，了解用户对于Allbirds的改进建议，并根据反馈在鞋型、材料及品牌理念等方面进行不间断地优化。Allbirds会刻意减少每一批次产品的生产数量，从而保证像互联网产品一样迭代更新速度。

借着与用户的沟通，Allbirds不仅让用户逐渐理解了公司的创立初衷、品牌理念、品牌故事，还迭代更新其品牌故事，使其变得更贴近用户的需求。

最初蒂姆·布朗在众筹网站Kickstarter列出的都是产品本身的特点[一]：①世界上第一款专门为不用穿袜子设计的羊毛跑鞋，柔软舒适又足够结实，穿着体验与众不同；②可以吸汗、抗污染，而且原料是可再生资源；③适合慢跑、散步和做其他运动；④可机洗，直接扔进洗衣机里洗涤，洗出来的效果和新的一样好。

在与用户沟通的过程中，Allbirds自然、原生态设计背后反映的可持续发展理念更容易在用户中产生共鸣。于是，Allbirds逐渐从作为羊毛休闲鞋品类的代名词变成作为可持续发展理念的代名词[二]：

① 相较于传统材料，羊毛鞋在生产过程中减少60%的能源消耗；② 相较于传统材料，以南非桉树纤维为原材料，通过环保的采摘、制作方式，不仅兼顾了透气性和舒适性，还在生产过程中减少了95%的用水和50%的碳排放量；③ 采用SweetFoam技术，巴西甘蔗靠雨水并非灌溉生长，生长中还能除碳，用其提取物制作的鞋底替代来自石油的传统鞋底材料，更加环保；④ 得到新西兰ZQ美利奴、FSC（全球森林管理委员会）、Proforest（益林国际）这些第三方环保组织对材料的认可。

[一]《The Wool Runners: No Socks. No Smell.》, https://www.kickstarter.com/projects/3over7/the-wool-runners-no-socks-no-smell/description。

[二]《深度 | 估值14亿美元，Allbirds靠的不只是爆款"羊毛鞋"〈华丽志〉独家专访品牌联合创始人兼CEO》，华丽志，https://www.sohu.com/a/339493579_487885。

在 2020 年"世界地球日"前夕，Allbirds 成为首个为产品贴上"碳足迹"标签的时尚品牌，就像在食品包装上附营养成分表一样在每个产品说明中标记"碳足迹"。经测量，目前 Allbirds 旗下鞋履的平均"碳足迹"为 7.6 千克二氧化碳当量，而一双普通球鞋约有 12.5 千克二氧化碳当量。Allbirds 的目标是最终降低到零碳排放量。

随着产品的迭代、品牌理念的升级，Allbirds 与硅谷工作者建立了更为紧密的关系，网络效应开始展现。谷歌联合创始人拉里·佩奇、苹果公司首席执行官蒂姆·库克、"互联网女皇"玛丽·米克尔先后成为这双鞋子的拥趸。因为他们的背书，硅谷投资圈开始接受 Allbirds。渐渐地，硅谷开始流传一种说法：但凡是有投资人的地方，十有八九可以看到一双 Allbirds 鞋。

硅谷高科技公司巨大的财富效应不仅吸引了投资机构，还吸引了 NBA 球星、好莱坞明星。随着 Allbirds 在硅谷的流行，特别是硅谷知名人士开始穿着、推荐 Allbirds，很多好莱坞明星开始关注 Allbirds，而 Allbirds 所倡导的可持续发展的品牌理念更是硅谷名人、好莱坞明星最推崇的理念之一。因此，艾玛·沃特森、马修·麦康纳、莱昂纳多·迪卡普里奥等好莱坞明星迅速成为 Allbirds 的忠实拥趸，莱昂纳多·迪卡普里奥还更进一步成为 Allbirds 的投资人和品牌推荐人。2018 年 1 月，美国电视人盖尔·金将 Allbirds 作为生日礼物赠送给他的好朋友——著名的脱口秀主持人奥普拉。Allbirds 从小众人群开始逐渐触达大众群体的示意图如图 4-5 所示。

产品本身的性能确实会获得硅谷工作者的欢迎，然而硅谷以外的用户并不会因为简洁、舒适就花费近 100 美元购买一双 Allbirds，但这些人会模仿好莱坞明星、潮流名人的穿着。因此，有了好莱坞明星、政要名人的帮忙"种草"，Allbirds 开始走出硅谷，走向全世界。Wool Runner 羊毛休闲鞋在两年时间里销售量超过 100 万双，也就是平均每分钟售出一双，一度造成羊毛原料价格的增高。《时代周刊》将 Allbirds 评为"世界上最舒服的鞋"。

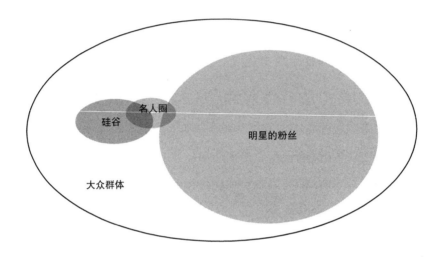

图 4-5　Allbirds 从小众人群触达大众群体的示意图

回顾 Allbirds 的发展过程，可以发现网络效应的发生与关系息息相关。Allbirds 定向地与一群带有典型特征的用户建立关系，同时采用适当的沟通方式，持续加强关系，让品牌逐渐深入他们的内心，成为他们日常的标配后，再通过超级用户在不同人群中的影响力，触达更多小众人群，从而成为流行事物。

此外，Allbirds 的流行也得益于早期用户帮助 Allbirds 从强调产品功能升级为强调可持续发展的品牌理念，正是这种品牌理念让 Allbirds 有了链接更多超级用户、与更多用户群体建立关系的能力。

事实上，品牌理念衍生出的相关内容不仅让人类组成成千上万的大规模的组织结构，还像黏合剂一样，将有着相同喜好的人黏合在一起，形成更紧密的关系，加速实现网络效应。而理解这种关联要从神奇的邓巴数字开始。

4.3 虚构故事：从邓巴数字到组织共识

20世纪90年代，英国牛津大学的人类学家罗宾·邓巴（Robin Dunbar）在类人猿群落研究中发现，无论是大都市的人类还是生活在乡村的人类，都像猿猴一样，拥有稳定社交网络的人数是148人，四舍五入大约是150人。这就是著名的"邓巴数字"，也被称为"150定律"。

邓巴认为，由于人的大脑新皮质大小有限，提供的认知能力只能使一个人与大约150个人维持稳定的人际关系，这一数字是人们拥有的、与自己有私人关系的朋友数量。美国Facebook内部社会学家卡梅伦·马龙（Cameron Marlow）也印证了"150定律"，他发现Facebook社区用户的平均好友人数是120人，而女性用户拥有更强的社交能力，她们的平均好友人数多于男性用户。

事实上，通常人类单个组织的规模要远大于这个数字，根据《人类简史：从动物到上帝》一书的推论，这是源于人类的认知革命。由于人类的基因突变或一些至今无法验证的原因，人类可以借助数倍于其他动物脑容量的大脑进化出丰富的想象力。随着人类的进化，这种想象力让人类编纂出各种虚拟故事，并通过强大的语言系统讲给其他人听，让相信故事的人聚集在一起，形成协作，从而让人类组织的规模突破了"150定律"，成为更大、更稳定的组织结构。而随着时间的更迭，虚拟故事被更多的人接受，它们甚至会逐渐取代事物本身，成为这个组织的共识。

品牌的本质也是一种共识，我们熟知品牌的背后都存在品牌方或者消费者的各种虚拟故事，比如在第1章中提到的耐克，就是在讲述伟大运动员的故事。随着时间的流逝，品牌的消费者逐渐对这个品牌形成了某种印象，这种印象就是一种共识。

新品牌同样如此，如果新品牌可以在诞生之初就提出鲜明的品牌理念，而这个理念又与某个组织的共识相吻合，自然就会被这个组织所接受，从而融入这个组织，与其链接关系。

因此，我们从 Allbirds 流行的故事里发现，产品功能固然吸引人，但很难说服更多人支付较高的费用购买，也很容易遭遇竞争对手的模仿。亚马逊曾推出过与 Allbirds 类似的羊毛休闲鞋，价格仅为 Allbirds 的一半，阿迪达斯也曾推出过类似的产品，但因为 Allbirds 从强调理性的产品功能升级为强调感性的可持续发展理念，恰好符合好莱坞明星、社会名流的共识，在得到了这个群体的认可后，又因为人类模仿的本性，他们的拥趸开始模仿他们，逐渐接受 Allbirds，从而愿意为其支付更多的费用。

不仅是 Allbirds，流行的产品都是客观事实与虚构内容的结合体。在客观事实层面，无论是 Supreme 的卫衣、Allbirds 的羊毛休闲鞋、特斯拉的电动车，还是喜茶的奶茶，都有其使用价值；在虚构内容层面，Supreme、Allbirds、特斯拉、喜茶也都有其独特的品牌理念、设计主张。相比理性层面的价值，更多消费者是在为虚构内容买单，从而满足他们的文化需求。

也就是说，表面上，他们买的是产品；实际上，买的是满足他们文化需求的"虚构内容"。

那么，如何通过虚拟内容与小众人群建立关系呢？我们可以从区块链诞生的故事中获得一些启发。

4.4 内容链接关系

4.4.1 用内容链接区块链的"信徒"

2008年9月，美国爆发金融危机，波及美国乃至世界的银行业。2008年11月，一个自称"中本聪（Satoshi Nakamoto）"的人在一个私密密码学邮件组里发表了一篇名为《比特币：一种点对点的电子现金系统》的论文，这个密码学邮件组就是本书引言中提到的"密码朋克"，一个汇聚了全球顶尖密码学专家的邮件组。这篇论文获得哈尔·芬尼（Hal Finney）的关注，并给予中本聪很多建议。

2009年1月3日，中本聪在位于芬兰赫尔辛基的一个小型服务器上挖出了第一个区块——创世区块。如果把比特币理解为一本可以无限增加的记载交易记录的账本，那么创世区块就是这本账本的第一页。中本聪还将当天《泰晤士报》的头版标题"The Times 03/Jan/2009 Chancellor on brink of second bailout for banks"（泰晤士报，2009年1月3日，财政大臣正处于实施第二轮银行紧急援助的边缘，见图4-6），写在创世区块上，既标记了创世区块的创建时间，又讽刺了传统金融系统。

2009年1月9日，中本聪发布了第一版比特币客户端v0.1，哈尔·芬尼第一时间下载了它，并在2009年1月12日与中本聪完成了比特币历史上的第一笔交易——中本聪转给哈尔·芬尼10个比特币。

在很多人眼中，比特币是颠覆式创新产品，但因为比特币整合了多种技术，其原理也极其复杂，找到理解它的人并不容易。而当时中本聪只有一篇仅有9页的《比特币：一种点对点的电子现金系统》论文和一个仍待完善的第一版客户端。

图 4-6　2009 年 1 月 3 日《泰晤士报》头版

那么，该如何利用有限的资源找到最早一批认同比特币的人呢？中本聪给出的答案是靠输出专业的内容，包括论文、源代码、设计理念。

早在 2008 年 12 月 9 日，比特币项目就出现在开源网站 SourceForge 上；2010 年，中本聪又将比特币代码发布到著名的开源网站 GitHub 上，所有人都可以在 GitHub 上阅读、了解比特币的每一行代码。

在中本聪挖出创世区块的同时，他还创建了一个名为 Bitcointalk 的论坛 http://bitcointalk.org/，此后两年，中本聪开始在 Bitcointalk 论坛上提示比特币客户端版本的更新信息，并花费大量的时间在 Bitcointalk 论坛上和电子邮件中，解答对比特币感兴趣的人提出的各种问题。

第4章 链接关系

2014年，菲尔·尚帕涅（Phil Champagne）在阅读了Bitcointalk论坛的每一个帖子、每一封邮件后编著了《区块链启示录：中本聪文集》一书。在与比特币交易的第一位接收者哈尔·芬尼沟通的邮件中，中本聪分别解释了系统节点（即矿工）如何保留交易直到形成区块、如何在区块链上避免双重消费、攻击者可能会重新构建并更改区块链、收款人转账的交易验证、系统节点的作用等问题，最后他还表示在完成论文前他已经完成了代码[一]。邮件举例如下：

回复：比特币：一种点对点的电子现金系统

中本聪，星期日，2008年11月9日，11:13:34UTC+8

哈尔·芬尼写道：

有人提到如果有一笔交易没能广播到所有节点，并不存在任何问题，因为该交易很快就会进入区块链。如果"下一个"区块的创建者没有收到过这笔交易的通知，接下来的几个区块创建者同样也没接到那笔交易的通知，那会发生什么情况呢？所有接到通知的节点会不会一直保存这笔交易，直到其中一个幸运节点发现下次碰撞时将该交易合并到区块中去呢？

对，节点将交易保留在工作集中，直到进入区块。如果90%的节点包含这笔交易，那么每次发现一个新区块时，该交易就有90%的可能性存在于区块里。

中本聪

密码学邮件组

[一] 节选自《区块链启示录：中本聪文集》，[美]菲尔·尚帕涅编著，陈斌、胡繁译，机械工业出版社，2018年10月出版。

中本聪还在Bitcointalk论坛发帖，讨论随着更多矿工开始参与挖矿，工作量证明难度随之增加的问题。

工作量证明的难度增加

中本聪，2010年2月5日，下午07：19：12

2009年12月30日，工作量证明难度首次被自动调整。

最低难度是32个零位，所以即便只有一个人在运行比特币的节点，难度也不会比这更低。去年大部分时间的难度都在最低水平下徘徊。12月30日突破了难度，调整后的算法更加困难。从那时起，每次调整后都变得更难。

自2月4日的调整后，难度从去年的1.34上升到1.82。这意味着同样的工作量只能生成相当于原来55%的比特币了。

从上面的内容可看出，中本聪将比特币这个复杂的体系打碎、解构，将其原理、架构尽可能细致地展现给对比特币感兴趣的一群人。如果把创造比特币比喻成发明可口可乐，中本聪是在创造出可口可乐以后，将详细的配方公开给所有人，还详细地解释了加入每一种配料的原因，同时解答了大量其他饮料配方师提出的问题。这些内容至今在Bitcointalk论坛都可看到，伴随着比特币和Bitcointalk论坛人员规模逐渐壮大，吸引了一批又一批比特币关注者成为比特币的忠实拥趸。

伴随着中本聪持续不断地更新客户端、分享与比特币有关的观点，Bitcointalk论坛就像一个容器一样，汇聚了越来越多的比特币关注者，包括拉斯洛·韩内奇、加文·安德森、杰德·麦卡勒布、丹·拉雷默（网名BM）等。

渐渐地，这些比特币关注者形成了一个比特币的超级用户圈子，他们会研究《比特币：一种点对点的电子现金系统》，研究中本聪的帖子，研究比特币的代码。虽然在之后十几年的时间里，这些人也多次产生过分歧，但他们始终沿着中本聪的理念继续前进，让更多人了解比特币，并逐渐认识到比特币的底层技术——区块链，这个将对人类社会产生重大影响的技术。

而早在2010年，中本聪就逐渐淡出比特币社区，将项目移交给那些因为他发布的内容而成为比特币关注者的人。2010年12月12日，中本聪在Bitcointalk论坛发表了最后一篇文章，并终止了与外界的联系。2011年4月23日，中本聪在最后一封邮件中说道："我开始做其他事了。"

随后中本聪几乎永久消失在网络世界，只在2014年，《新闻周刊》（Newsweek）爆料美国加州的一个名为多利安·普伦蒂斯·聪·中本（Dorian Prentice Satoshi Nakamoto）的工程师就是中本聪的时候，中本聪才突然出现，在p2pfoundation网站发布了"I am not Dorian Nakamoto（我不是多利安·中本）"，之后便彻底消失。

中本聪消失了，区块链却永远存在于这个世界。这一切都与中本聪在短暂的时间里留下的"内容"有关。在我看来，中本聪的"内容"可以分为三类：切实好用的产品本体、原汁原味的文化表达和带有传奇色彩的故事。

4.4.2 链接关系的三类内容

1. 切实好用的产品本体

市场营销领域有种说法，产品是1，营销是0，没有硬伤并具有独特价值的产品是任何营销工作的前提。产品本身是与用户关系最紧密的连接纽带，用户会在使用产品的过程中理解产品设计者的良苦用心，并因此与产品设计者建立关系。

2018年,我和一个资深区块链工程师聊起比特币,他认为比特币是至今为止最完美的去中心化技术结构,是其他项目无法比拟的。因为比特币的代码是公开的,其他区块链项目代码也是公开的,他在研究了比特币代码以后,又看了主流的几个区块链项目的代码,得出了此结论。同时,他还根据比特币的创造者中本聪撰写代码的习惯,推测他是一个经验丰富的老派欧美国家/地区程序员。这位工程师告诉我,随着他对哈希函数、数字签名、椭圆曲线加密算法等区块链的核心技术了解得越深入,就越觉得比特币强大,而中本聪与众不同。他仅是因为比特币的代码成为比特币的推崇者之一。前文提到的拉斯洛·韩内奇、加文·安德森、杰德·麦卡勒布、丹·拉雷默本身就是程序员,比特币技术结构及一行一行代码是他们理解比特币的主要依据。

类似的故事还发生在lululemon、Allbirds及小米早期开发的MIUI上,它们都通过产品本身,与用户建立了连接,听取用户的反馈,不间断地优化,从而在小众人群中形成了良好的口碑。2017年,lululemon刚进入我国不久,当时很少有人了解这个在北美瑜伽圈子中流行的品牌。因为工作的关系,我结识了一位从美国纽约回国的金融业从业者,推崇健康生活的她向我推荐了瑜伽运动,并着重介绍了lululemon。对她而言,lululemon产品本身是最大的吸引力,特别是其爆款瑜伽裤,材质舒适、手感顺滑、结实耐用,她曾一次性买过五条;耐克的联合创始人鲍尔曼本身就是跑步教练,源于"华夫饼"创意的科特兹跑鞋也大受跑步者的欢迎;喜茶使用了芝士、草莓、杧果等受年轻人欢迎的食物,真材实料,比调味品调制出的奶茶更好喝。

通常,用户使用产品的时候会出现三种情况,一是产品契合用户的需求,二是产品超出了用户的需求,三是产品无法满足用户的需求。在一个产品的用户群中,超级用户往往是最挑剔的一群人,只有满足了他们的需要,当然最好是超出了他们的预期,这群最挑剔的人才会认可这个产品,之后才会影响核心用户、普通用户。如果无法满足用户的需求,用户就会很快放弃这个产品。

然而很多时候并不是产品本身存在问题,而是缺乏一种表达手段,将产品"翻译"成用户的需求,就像中本聪在开放比特币的源代码、发布比特币客户端之前,首先发布《比特币:一种点对点的电子现金系统》一样,还应做好产品的"翻译"工作。

2. 原汁原味的文化表达

在比特币的故事里,除了程序员外,还存在另外一群人,他们不懂代码,却因为中本聪撰写的《比特币:一种点对点的电子现金系统》及在 Bitcointalk 论坛发布的内容,逐渐理解比特币的伟大构想,从而成为区块链技术的"信徒"。比如罗杰·维尔,一个不懂代码的商人,因比特币完美实现了他对于世界的理解,从而成为比特币的重要推广者及区块链技术投资人。再比如《比特币:一种点对点的电子现金系统》中文版翻译者吴忌寒,在 2009 年获得了北京大学心理学、经济学双学位,并进入投资行业,做起风险投资分析师和投资经理的工作。两年后,因为一次偶然的机会,他接触到比特币,经济学出身的他花了几天时间研读《比特币:一种点对点的电子现金系统》一文,从此深入区块链领域,并将此文翻译成中文。他还与长铗[⊖]一起创立了巴比特资讯交流平台,向我国用户宣传比特币。2013 年,吴忌寒又与詹克团联合创立了比特大陆。2015 年,比特大陆在比特币挖矿 ASIC(专用集成电路)芯片的市场占有率将近 8 成。

罗杰·维尔、吴忌寒并非从技术层面了解比特币,而是通过中本聪对于比特币的构想,以及在 Bitcointalk 论坛上的互动和电子邮件往来,了解了比

⊖ 长铗(刘志鹏)是科幻小说作家,作品连续三年获得中国科幻银河奖。

特币的内核。这些内容同样具有强烈的文化内核,理解的人深爱之,不理解的人则完全无法融入这个领域。

摇滚乐也一样,新裤子乐队曾在《乐队的夏天》节目中提到他们的乐队风格变化的过程,他们从成立最初的朋克到电子音乐再到本土摇滚乐,大众无法理解其每首歌曲风格的差异,然而著名音乐制作人张亚东、反光镜乐队、刺猬乐队、众多摇滚乐评人及摇滚乐爱好者都熟知这些歌曲风格的差异。

风格变化的故事也发生在 Supreme 上。Supreme 与路易威登联名以后,知名度越来越大,很多滑板玩家开始觉得 Supreme "变味"了,然而当这些人看到 Supreme 制作的以 Cherry 为代表的一系列滑板纪录片后,他们立即感受到 Supreme 背后浓郁的滑板文化气息,重新成为 Supreme 坚定的支持者。

内容的关键并不在于其形式,比如文字、图片、音乐、视频;内容的关键也不是爆款,而是能否一以贯之地展现出创作者想表达的态度。在被爆款影响的环境下,企业和媒体都或多或少迷恋于做爆款,留恋"刷屏大法",会想方设法将营销与网络热门事件结合在一起,会想尽办法使用各种网络流行词。然而很多时候,只是"东施效颦"罢了。无论内容是以何种形式呈现,关键是要找到一个标准来衡量内容是否值得制作、值得传播,笔者认为这个标准是看内容**是否可以原汁原味地还原文化,能就是对的,不能就是错的。**

我们可以看到中本聪输出的是代码,是极客才能看懂的"内容",解读比特币设计的文字,也需要具备相当技术水准的人才能理解;我们可以看到摇滚乐输出的是风格和态度;我们可以看到 Supreme 输出的是滑板文化;我们可以看到"喜茶"的公众号是秉承"用全新的风格诠释灵感与酷"的理念,是一个"从内容本身出发的有自己腔调跟个性的自媒体"(见图4-7);我们可以看到在"99%的视频都是段子,都是娱乐"的年代,"一条"持续性输出与高品质生活相关的内容，短短几个月聚集起上百万的粉丝，为其后续建立高品质的电商平台打下了基础。

图 4-7 喜茶上海滩风格的海报

3. 带有传奇色彩的故事

从 2008 年发布《比特币：一种点对点的电子现金系统》到 2010 年年底在 Bitcointalk 论坛发布最后一个帖子，中本聪的消失引人猜测，特别是在巨大的财富效应下。

关于中本聪是谁的问题，曾有过几个版本。在我看来，深谙密码学的中本聪从一开始就准备好要隐姓埋名，他与任何人的交流都使用复杂的加密方式，目的是埋下比特币的种子，待他创造了比特币，找到了一群支持比特币的人后，他也完成了自己的使命。而他的彻底消失又为比特币的后续传播创造了一个充满传奇色彩的故事。

故事可以传递信息、思想、寓意，我们记住的从古至今的所有信息几乎都是以故事的形式承载的。曾任迪士尼董事长兼首席执行官的罗伯特·艾格（Robert Iger）在其自传《一生的旅程》中多次提到"故事"的重要性。在美国广播公司时期，艾格的人生导师鲁尼用讲故事的形式来报道体育节目，他们通过讲述"运动员来自何方，为了到达今天的位置，他们克服了怎样的困难，比赛这个窗口是如何体现不同文化的"，来挖掘"体育竞技中的人生悲欢"，引领了电视节目行业的颠覆。这让艾格第一次认识到故事的重要性。

迪士尼的成功也源于强大的讲故事的能力。1930年，迪士尼发明了"故事板"的概念，一部动画片从最初的状态到最后的成片，中间要做成"故事板"。动画片制作团队经过将近10次的试映，反复提交，以及向由40多名资深专业人士组成的"故事智囊团"征求意见并做相应修改，最终打磨出迪士尼的故事。艾格认为，叙述故事是迪士尼的生命，无论是在电影里，还是在电视节目上，又或是在主题公园里。

通过讲故事的方式，降低用户认知成本，无疑是一种简单有效的方法。可口可乐的配方就是一个传奇故事，这个配方曾秘密地保存在太阳信托银行里长达86年之久，直到2011年才被转移到美国亚特兰大可口可乐全球总部博物馆的一个高3米的保险柜里。来博物馆参观的人会被16个覆盖360°的高清摄像机监控，参观者的体貌特征都会被录制下来，全部记录在案之后才可能接近保险柜。更具传奇色彩的是据说全世界只有三个元老知道可口可乐的配方，可口可乐公司严格要求这三个人不能在同一时间、同一地点出现，不能搭乘同一辆汽车、火车或飞机，避免他们同时遭遇意外，甚至可口可乐公司的历任 CEO 都不知道可口可乐的具体配方。也是因为极具传奇色彩的配方故事，人们才会愈加相信可口可乐的口味独特。

在中本聪的故事里，有反抗现状的信仰、有神秘的宝藏、有带传奇色彩的人物故事，这些要素让很多不懂技术、不了解原理、不懂经济学的门外汉通过像听希腊神话、加勒比海盗一样的故事，开始接触比特币、了解比特币。在区块链快速发展的过程中、在财富效应的驱动下，中本聪的故事进一步发酵，变成各种各样的逸闻野史。可以想象，在未来的岁月里，只要中本聪的身份依然神秘，类似的带传奇色彩的故事会层出不穷，伴随着这些故事，比特币、区块链的影响力也会越来越大。

切实好用的产品本体、原汁原味的文化表达、带有传奇色彩的故事，这三类内容吸引了很多比特币、区块链爱好者，他们逐渐达成了对比特币和区块链的共识，而不能忽略的是在这个共识建立的过程中，Bitcointalk 论坛发挥着极其重要的作用，它就像一个容器一样，将小众人群聚在一起，创造紧密关系。

4.5 运营容器：汇聚小众人群，创造紧密关系

4.5.1 论坛：汇聚区块链有关的人、事、物

让我们回顾比特币诞生的过程。2008 年 11 月 1 日，中本聪在密码朋克邮件组里发表了《比特币：一种点对点的电子现金系统》文章，得到了哈尔·芬尼的关注；2009 年 1 月 3 日，中本聪挖出了比特币的创世区

块；2009年1月9日，中本聪发布了第一版比特币客户端。同时，中本聪开始在Bitcointalk论坛笔耕不辍地更新内容，直到比特币的影响力逐渐扩大，中本聪彻底消失。中本聪在推广比特币的过程中，并没有像我们传统认识的营销那样，付费购买流量、举行发布会、张贴广告或者是抓住在媒体上曝光的一切机会，而是创建了一个运营容器——Bitcointalk论坛，中本聪在论坛上进行比特币的客户端更新，并将所有与比特币有关的人、事、物都聚集于此，Bitcointalk论坛也逐渐成为比特币甚至是区块链爱好者的聚集地。

中本聪用了两年时间对比特币进行了深入的解析，留下了575封邮件、364次在线活跃的记录，这些邮件与比特币论文、比特币客户端一起成为诠释比特币技术价值、经济价值乃至社会价值的第一手资料。更重要的是这些原始资料吸引了哈尔·芬尼、加文·安德森等比特币发展的核心力量，他们是比特币的超级用户。在中本聪存在Bitcointalk论坛的两年及他消失的多年间，论坛上的原有内容经过这些超级用户的演绎，形成更加丰富、更加吸引人的内容，使越来越多的人知道了比特币。

根据《纽约时报》财经记者纳撒尼尔·波普尔关于比特币纪实作品《数字黄金：比特币鲜为人知的故事》记载，2011年6月，Bitcointalk论坛注册用户达到1.5万人，论坛总发帖量达到15.2万。

随着互联网的发展，人们可以用很低成本创建社区、社群。理论上，能建立人与人、人与内容之间的关系的平台都能成为运营容器，比如微信、QQ等连接人与人的社交网络平台；再比如微博、抖音、快手、小红书、知乎、B站、百度贴吧、豆瓣等连接人与人、人与内容的社交媒体平台；而下厨房、雪球、得物、虎扑、宝宝树、汽车之家等基于兴趣的垂直媒体平台同样可以成为运营容器，品牌商只要善加使用，都能通过连接品牌与人、人与人，产生巨大的商业价值。

让我们从霸蛮湖南米粉（原伏牛堂）的故事里再一次理解如何通过运营容器，创造商业价值。

4.5.2 社群：霸蛮湖南米粉的运营容器

2014 年，北京大学法学硕士"90 后"的张天一，没有像学同专业的同学一样进入律师事务所、机关单位或者出国留学，而是拉上了三个同学，做起了米粉，开启了霸蛮湖南米粉（原伏牛堂）的故事。

北方人喜欢吃面，南方人喜欢嗦粉，湖南人嗦常德牛肉粉。现今，张天一家乡湖南常德的大街小巷都充满了这样的米粉店⊖：

"十几张桌椅，五六个小炖锅，锅中，汤水翻滚，牛肉飘香。""牛肉、牛骨汤需要提前约十个小时熬制好，而等到真正操作的时候，从煮粉到出餐，全部过程不超过 30 秒。""若有客人进店，一碗千呼万唤的米粉在沸水中滚腾一二下，浇上汤头、牛头油码，撒上几撮香葱，滴上数滴香油，抹上一二胡椒粉，红、白、绿三色交融……"

餐食每到一个地方都要经过改良，以适应当地主流人群的口味，常德牛肉粉进入北京也是如此，虽然都打着正宗的招牌。张天一选择"坚持正宗，拒绝好吃"，他回到常德，走街串巷地吃遍了常德的每一家米粉店。最后，选了一家口味最正宗的米粉店，经历了拜师、学艺一系列的过程。他还进行了标准化提炼，买了一把小秤，在许多个夜晚一小勺一小勺地称量每一种中草药、配料的分量，又通过常德餐饮协会邀请到当地最有名的几家米粉店的主厨品尝，最后才制作出几张配方。

⊖ 《北大硕士的自述：我为什么卖米粉》，人民日报微博，https://weibo.com/p/1001593699336922926063。

有了好产品，还需要好的营销。传统餐饮的营销主要靠店铺位置，地段的人流越密集，顾客就越有可能进店铺消费，因此，人流越密集的地段租金越高。为更好地吸引客人，人流密集地段的餐饮大多是相对比较标准化，口味适合当地人的食物。坚持正宗的霸蛮湖南米粉选择了另一种方式：通过社群运营，汇聚在北京的湖南人。

在霸蛮湖南米粉创建早期，张天一曾邀请一些同学帮忙在微博上搜索"湖南+北京"，大约找到 2 000 人。张天一邀请这些人参与产品内测：品尝米粉并提出建议，而这 2 000 人也就成了霸蛮社（霸蛮湖南米粉的品牌社群）的"头部天使用户"。张天一把霸蛮湖南米粉的社群定位为社交型社群——一个不仅卖米粉，更是汇集湖南年轻人的平台。据调研，霸蛮社成员 80% 以上是"85 后"。2014 年，他们中的绝大多数人刚刚大学毕业，旧有的同学关系刚断，新的职场社会关系还没有建立起来。对这些人而言，最大的痛处是有社交需求，但没有社交出口，周末经常待在家里，缺少社交活动。

于是霸蛮社创造了类似 QQ 的兴趣部落的社群组织形态。霸蛮社将成员分为若干个小组，如登山兴趣小组、篮球兴趣小组，每周以自组织的形式来组织各种活动，然后让所有员工加入霸蛮社，与成员组成一个团体。在日常沟通与互动的过程中，成员与员工加强了联系，很多霸蛮社的成员后来也成为霸蛮湖南米粉的员工，很多霸蛮湖南米粉的员工即使离职，也会继续活跃在社群里，参与社群活动。2016 年，霸蛮社社群规模已经变成 20 万人，成为北京最大的年轻人社区。

社群这种组织形态解决了客流难题。张天一在《伏牛传：一个社群品牌的内部运营笔记》一书中透露，霸蛮湖南米粉 40% 的客流来自于社群，即使选址在很偏僻的地方，也有不错的客流。此外，社群还能解决招工难的问题。

霸蛮湖南米粉三分之一的服务员来自社群用户，社群与霸蛮湖南米粉的业务融为一体，有卖米粉小组、设计小组、新媒体小组、产品研发方向的吃货小组，社群融入霸蛮湖南米粉整个运营之中。

经过持续的运营，霸蛮湖南米粉的社群霸蛮社形成独特的价值观：霸蛮。张天一对霸蛮的定义[一]是：

"霸蛮"是一种味道，那就是"辣"。我们知道"辣"不是一种味觉，它是一种痛觉，吃辣的本质就是在痛苦和"自虐"中寻找快感。

"辣"勾起的产品感知就是正宗，就是和家乡的联系，不改淳朴，不改自我的情绪。

此外，霸蛮也是如今年轻人的价值观和生活态度。

我们对霸蛮做了全新诠释，叫作：霸蛮就是不同意，霸蛮就是不服输，霸蛮就是做自己。

霸蛮首先是一种 say no（说不）的精神，就是敢于反对不合理的陈腐观念。

其次，霸蛮就是不服输的劲头。

最后，霸蛮还是始终不改自己本色的精神和劲头。

2018年，霸蛮湖南米粉宣布完成数千万元的 B 轮融资，公司估值 5 亿元。此轮融资由森马投资领投，原 A 轮、A+ 轮投资方分享投资继续追加投资，这是霸蛮湖南米粉获得的第五次融资，总融资额接近亿元。

[一] 《伏牛传：一个社群品牌的内部运营笔记》，作者张天一，机械工业出版社出版。

在霸蛮湖南米粉的故事里，张天一首要解决的是产品好及好在哪里的问题，他用"正宗"替代了"好吃"，成为霸蛮湖南米粉的核心特点。因为正宗，它才能俘获第一批用户——在湖南的北京人，通过微博搜索获得了这批匹配度极高的用户群体。"正宗"常德牛肉粉的特点恰好可以满足这些"北漂"湖南人的思乡之情。经过试吃活动沉淀下来的用户就会成为霸蛮湖南米粉的超级用户，他们既是正宗牛肉粉的爱好者，又是霸蛮湖南米粉的支持者，他们会邀请更多的"北漂"湖南人光临霸蛮湖南米粉，进而组成社群的雏形。在餐厅获客方面，霸蛮湖南米粉没有使用传统意义上的选人流密度大的地段、发传单、打折促销等方式吸引普通的过路人进店，而是通过活动运营、用户运营、内容运营等方式，主要运营社群内的核心用户群体，最终令社群贯穿霸蛮湖南米粉整个产品生产的全流程，使社群成员成为消费者、传播者、共建者。

《通过数据挖掘，我们研究了完美日记的两大增长策略》[一]一文中提到，完美日记的一个策略是在小红书"种草"，另一个策略则带有浓郁的运营色彩，即引导购买过完美日记产品的用户添加运营人员的个人微信号。据调查，保守估计完美日记有上百个个人微信号，统一使用"小完子"这个名字。这些个人微信号不仅有关键词回复、拉人进群等自动化流程，还有真实客服进行手动回复。她们在小程序和朋友圈会由真人出镜，发布新产品等，还会回答用户的提问，进行实时沟通，也就是做用户运营工作。添加"小完子"后的用户还会收到入群的邀请，进入统一命名为"小完子玩美研究所"的微信群，类似的群有数千个。"小完子"是群的群主，也是群的核心，每天她们会在小程序里发布高质量的美妆内容，再转发到微信群里，引发微信群里完美日记用户的持续关注与讨论，也就是做内容运营的工作；她们还会在微信群里进行不间断地直播、抽奖

[一] 来源：微信公众号"增长黑盒 Growthbox"，2019 年 8 月 26 日。

等活动，或在社群里进行用户调研、市场调研，帮助产品进行优化，也就是做活动运营的工作。更重要的是完美日记会利用微信的朋友圈秒杀广告、微信群推送、个人微信号私聊推送等方式进行实实在在地销售转化。

与霸蛮湖南米粉如出一辙，完美日记也是运用了用户运营、内容运营、活动运营等方式把购买过完美日记的用户汇集起来，不同的是霸蛮湖南米粉是将员工融入社群，与普通用户融为一体，而完美日记则打造了"小完子"这一官方人设，持续与用户产生互动，这两者的差别主要源于业务模式的不同。霸蛮湖南米粉带有比较强的地域性，侧重线下体验；完美日记侧重线上消费，追求美妆品类的规模效应。霸蛮湖南米粉对社群的定位既是消费者又是传播者、共建者、备选员工，完美日记对社群的定位更偏向于消费者，但相同的是，社群都是它们的运营容器。

4.5.3 内容 + 线下，构建深度运营体系

在互联网时代，人们的日常生活中的种种场景被映射到互联网上，再依靠互联网高效的信息传输速度，人们的日常生活实现效率的提升，变得便捷，比如早在部落时代就存在的沟通方式，通过手机实现了随时随地便捷沟通；物物交换也是人类原始的行为，通过手机实现了随时随地买卖商品；交友则从最初的跋山涉水见面交流到后来的写信再到打电话，直到互联网时代依托于各种社交软件……互联网就像一个放大镜，将人们原有的需求放大了。

互联网平台提供了容器，把用户聚集在一起，产生交流沟通。比如，国外早期的邮件组、网络论坛（BBS）、MSN，后来的 Twitter、Facebook、Telegram、Line，国内的腾讯 QQ、微信、微博等。这些容器就像原始社会的部落一样，将人汇聚在一起，不同的是部落有极强的地域性，互联网的容器没有地域的限制，可以聚集来自世界各地的人，这些人最终因由内容体现出的相

同价值观聚集在一起，建立更紧密的关系。因此，我们看到在比特币的故事里，中本聪在发布了比特币客户端的同时，创建了 Bitcointalk 这一运营容器，通过内容运营的方式，持续性地输出与比特币相关的产品信息、设计原理、架构解读，逐渐汇聚了一批由衷热爱比特币的用户，他们成为比特币、区块链技术的核心力量。

在移动互联网时代，基于 QQ、微信的社群以其随时随地便捷沟通的功能成为更流行的运营容器，张天一组建了百万规模的社群——霸蛮社，该社群就是运营容器。霸蛮湖南米粉同样会产出内容，其在创业之初就开设了微信公众号，其微信公众号运营负责人小明接受插座学院的采访时透露[一]，"其他的创业餐饮公众号一般只做活动文案，很少有餐饮企业的微信公众号是像我们这样输出思想、输出文化、输出态度的。"霸蛮湖南米粉创始人张天一也会坚持做内容，设置"伏牛一日记"的专栏，张天一每天会抽出一小时的时间，回想从早到晚有哪些事情能启发自己，然后整理成"伏牛一日记"。日记的篇幅长短不一定，最少可能仅有二三百字。张天一在采访中也曾表示，他将微信公众号当作媒体号来运营，会传达霸蛮湖南米粉的态度。

内容是霸蛮湖南米粉运营的重要一环，霸蛮湖南米粉也同样会通过密集的线下活动让用户建立起更紧密的关系。如前文所述，霸蛮湖南米粉社群分成登山、篮球等兴趣小组，每周以自组织的形式来组织各种活动。霸蛮湖南米粉的所有员工会加入社群，参与各类活动，逐渐与用户融为一体。

在互联网时代，线下活动往往容易被忽略。线下活动既是人类最原始的

[一] 《伏牛堂微信负责人：大多数公众号只输出文案，而我们输出态度》，插座学院，采访：崔盈盈，https://mp.weixin.qq.com/s/GbqBZaxu_ociYnVlRYuxUQ。

交友方式，又是付出更多成本的交友方式。通常，线下活动要经历一个漫长的过程，双方或几方首先约定时间、约定地点，再在指定的时间、地点见面，这种见面会更专注，沟通也更有效。运营过社交产品、社区产品、社群的人都明白，陌生人建立关系的时候需要一个"破冰"环节，通常在线下见面后，陌生人之间才真正建立起较稳定的关系，而线上需要相当长时间的持续沟通才能实现"破冰"。"破冰"后，陌生人在线上的交流会更多，关系也会变得更加紧密。霸蛮湖南米粉的社群也符合这个逻辑，它们的社群是容器。社群成员通过各种兴趣小组的线下活动完成"破冰"，建立了更稳定的关系。

有趣的是前文提到的中本聪创造了同样深度阐述比特币技术价值、经济价值乃至社会价值的内容，而非只言片语的碎片化内容。也就是说无论是线上内容，还是线下活动，追求的都是深度，将普通用户发展为核心用户，再将核心用户发展成超级用户。随着超级用户的数量越来越多，容器承载的用户量也就越来越大，最终通过运营的方式实现了营销的效果。

综上，我们理解了运营容器在链接关系中的作用，并了解其重要的一个途径：内容运营；下面，我们将主要介绍链接关系的另一个重要途径：线下运营。

4.6 线下运营：构建紧密的关系

4.6.1 贯穿社交的线下活动

2018 年，现场演出宣传商 Live Nation 和研究机构 Culture Co-op 在调查了来自 11 个国家或地区的 2.25 万名年龄在 13~65 岁的音乐粉丝之后，发布了名为《现场的力量》(*Power of Live*) 的年度报告。报告显示，超过 2/3 的年龄在 18~34 岁的受访者每年至少会参加一场演唱会或音乐节。报告得出了一个结论：现场音乐的魅力越来越不可阻挡。

2017 年，参加现场演出的观众人数较前一年增长 21%，总观众人数达到 8 600 万，全球现场演出行业的消费者增幅明显。虽然各种各样的数字平台如雨后春笋般出现，但有越来越多的人意识到真实世界对他们的生活质量的重要性，而参加现场演出是其中一种实现方式。当参与者被要求评价其近期参与过的一场演出，并以现场体验和情绪程度为主要指标来打分时，超过 3/4 的参与者给出了 8 分、9 分，甚至 10 分的好评。

社交媒体、移动设备和技术让人们能够轻而易举跨越地理限制去联系彼此，但面对面的联系却变得越来越薄弱。现场演出满足了人们真实联系的需求，也因此正在变成人们社交的重要场合。

《乐队的夏天》节目在介绍刺猬乐队的时候提到了名为 D-22 的酒吧，刺猬乐队曾长期在这个酒吧驻场，与其他乐队轮流登台演出。演出之外，乐队成员会聚集在一起吃烧烤、喝酒，交流新写的歌。

LiveHouse（现场演出场馆）也是很多乐队聚会的场所。LiveHouse 最早起源于日本，和普通的酒吧不同，LiveHouse 里一般都有顶级的音乐器材和音响设备，非常适合观众在此近距离欣赏各种音乐。观众与艺人的近距离互动也让 LiveHouse 的演出气氛比大型体育馆的演出气氛好不少。根据《中国 LiveHouse 二十年进化史》一文的记录[一]，从 2000 年开始，以北京鼓楼为核心片区的不同街道上，诞生了北京最早一批 LiveHouse，如愚公移山、老疆进酒、MAO（见图 4-8）等，一批又一批的音乐人在此演出，在演出后聚会狂欢，

[一] 来源：娱乐独角兽，https://www.tmtpost.com/3816843.html。

与同行探讨音乐。他们即使刚在现场认识，只要趣味相投，聊一宿也就成了朋友。

图 4-8　一家著名的 LiveHouse

除了乐队间的社交外，在 LiveHouse 中更广泛的社交是乐迷与乐队及乐迷之间的社交。北京标志性的 LiveHouse——糖果可容纳 1 500 人，国内外著名音乐人都曾在此演出过，其他规模的 LiveHouse 也可容纳几十到几百人（见图 4-9）。现场演出的乐队的粉丝是 LiveHouse 中重要的一批观众群。LiveHouse 会与永乐、大麦、摩天轮等票务平台合作，此外，还会与 QQ 音乐等线上音乐平台合作，借助平台的大数据算法，在艺人主页和广告位嵌入购票通道，对音乐内容的细分市场进行定向票务推广。

观看演出的乐迷有极强的分享欲，他们乐于分享 LiveHouse 的现场打卡照、演出短视频和喜欢的乐手的舞台特写，这些内容在朋友之间自然传播，被分享到从微信朋友圈、微信群到微博等各类社交媒体平台。乐迷们在传播这些内容的同时，LiveHouse 也成为孕育音乐社群的发源地。由于喜欢同一支乐队或者相似的音乐风格，不少乐迷相约 LiveHouse 观演，形成线上线下互通、以音乐内容为核心的细分社群,有效促进了同类音乐的文化圈子的形成。

图 4-9　LiveHouse 的现场

随着年轻一代对现场音乐需求愈加旺盛,我国的 LiveHouse 也在快速发展。根据道略音乐产业研究中心发布的《2018 中国现场音乐产业报告》显示,2017 年小型演唱会(规模在 3 000 人以下)达到 1 667 场,数量增长超过 50%;LiveHouse 的演出超过 1.2 万场,增幅达到 32.2%;LiveHouse 票房增长涨幅为 51%,并首次票房收入破亿元,达到 1.25 亿元。随着 2019 年《乐队的夏天》节目的热播,LiveHouse 的演出甚至出现一票难求的盛况。

更大型的线下音乐活动是音乐节,音乐节通常是在特定的地方以特定的主题,举行连续性的演出,是持续数天和数周的、一种或几种艺术的庆祝聚会,音乐节也被戏称为"年轻人的庙会"。Live House 和音乐节的对比如表 4-1 所示。㊀

㊀　《线下娱乐产业现状研究报告:娱乐,社交终究还是要回归现实》,鲸准干货,https://36kr.com/p/5125333。

表 4-1　Live House 和音乐节的对比

	LiveHouse	音乐节
市场规模	2016 年全国 LiveHouse 票房总额超过 8 200 万元，以每年约 20% 的速度增长，在消费升级大趋势下，音乐现场已进入成长期	2016 年音乐节演出票房达 4.83 亿元，较 2015 年增加 1.44 亿元，涨幅约 42.5%；参加人数达 326.7 万人，比 2015 年增加 100 万人，增幅约 44.1%
成本	场地租金＋音响设备＋演出费用＋员工工资	在国内北京、上海、广州、深圳等一线城市的成本预算为 800 万~10 000 万元。而在国内二、三线城市举办同等规模的音乐节，成本为 200 万~350 万元
收入	包括门票收入和酒水饮料的收入；门票一般在 100~200 元，可容纳数百人，也有一些非常小型的 LiveHouse 仅可容纳数十人，门票为几十元	一般举办规模为 2~3 天，总计 3 万人入场，一线城市票价一般在 300~400 元
主要问题	1. 盈利能力不够。门票收入大部分会分给演出的音乐人，LiveHouse 场地租金一般很高，酒水消费量又比较小，盈利能力堪忧；2. 客群固定。人们一般觉得 LiveHouse 与酒吧归为一类，且主要类型为摇滚乐，所以阻挡了很多主流人群，不利于消费群体的扩大	1. 户外音乐节同时接受公安与文化两个系统的审批与管理，不确定因素有很多，令许多策划者或主办单位缺乏足够的筹备时间与运营周期；2. 音乐节有很多有特色的玩法，现在我国的音乐节更像是拼盘演唱会，缺少独特的文化与特点
未来方向	1. 提高知名度与影响力。让 LiveHouse 不再是小众音乐爱好者的聚焦地，让更多的喜欢音乐的普通消费者可以参与进来，包括将场地建在更靠近购物中心的地方；2. 渠道下沉。目前北京、上海、广州、深圳依然是 LiveHouse 主要聚集地，更多二、三线城市只有酒吧文化而少有 LiveHouse 文化，这些城市的房租租金少，而且热爱音乐的人非常多，消费能力也很强	1. 提升音乐现场的用户体验，在售票验票、现场视觉效果、住宿、安保、电信信号等方面要有改善；2. 拓展音乐节的主题与影响力，挖掘更多潜在的观众，除了流行、摇滚、嘻哈、电音等常见的音乐类型外，也应该加入动漫、乡村、爵士乐等风格，或者以"音乐＋"的方式运营，比如"音乐＋科技峰会""音乐＋VR"
融资情况	2017 年，MAO 宣布完成由太合音乐与君联资本领投的数千万元融资	拥有七八个音乐节品牌的摩登天空已完成 C 轮融资

全世界最知名的音乐节之一无疑是"伍德斯托克音乐节",它于1969年8月15日,在美国纽约州北部的一个私人农场举办。音乐节前一天已经有超过5万人前来,这已经超过了主办者的预期,还有数十万年轻人堵住了通往音乐节场地的道路,远在纽约市的广播电台频频播出交通堵塞警告。

日本SummerSonic公司是亚洲最知名的音乐节品牌之一,每年8月都会在日本的大阪和东京举行音乐节。音乐节在3天内可以吸引30万粉丝参加。按照1 000元的平均票价进行估算,3天内的票房约3亿元。

我国著名的音乐节有北京迷笛音乐学校创办的"迷笛音乐节"(Midi Festival)。迷笛音乐节每年邀请几十支国内外知名乐队参与演出,全国的几万狂热乐迷会参与,因此迷笛音乐节又被称为"中国的伍德斯托克"。此外,我国知名的音乐节还有摩登天空主办的摩登天空音乐节,草莓音乐节,摇滚音乐人石磊创立的玩石音乐节……

时至今日,虽然伍德斯托克音乐节的精神内核与之前相比有了很大差异,但无论是英国的格拉斯顿伯里音乐节、美国的波纳若音乐节、日本的SummerSonic音乐节,还是我国的迷笛音乐节、草莓音乐节,仍然沿袭着伍德斯托克音乐节的形式。

基本上每年的"五一"是我国音乐节"扎堆"出现的第一个高峰期,"交通拥堵、场地混乱、天气炎热"已经是这期间形容音乐节的固定搭配词语(见图4-10),更有人用"我去了音乐节"这六个字证明这期间生活的"艰苦"程度。

正如伍德斯托克的暴雨无法浇灭美国年轻人的热情一样,拥堵、混乱、炎热也无法阻止我国年轻人对音乐节的热情。在可以容纳1 000人的露营区里，绝大部分都是热爱"折腾"的年轻人。主舞台上最后一位音乐人的演出结束后，现场观众们回到露营区，弹吉他、唱歌、喝酒、讲故事……露营第一个夜晚的深夜三点，露营的年轻人又会被主舞台的试音"敲"醒，活力四射地跑去提前观赏试音现场。

图 4-10 关于草莓音乐节的微博

音乐节，这一线下活动的代表，除了贯穿人们的社交外，还在品牌与用户间建立了连接，因为除了音乐现场演出外，似乎很少有活动可以吸引数万名年轻人聚集在一起了。这也吸引了抖音、陌陌、乐堡啤酒、蚂蚱市集等面向年轻人的商业品牌。对于品牌商而言，音乐现场演出的增长也是一个好消息，据调查，有67%的受访者表示愿意使用出现在现场的品牌产品，甚至有90%的人表示欢迎品牌广告出现在演出中。

LiveHouse、音乐节无疑是重要的文化连接器。在每一场音乐活动中，乐队与乐队之间、乐队与观众之间、观众与观众之间都产生了交流，甚至是

LiveHouse、音乐节的赞助商也与他们的用户建立了连接。通过不间断的LiveHouse和音乐节的演出，乐队成员形成了超级用户群，频繁观看的观众形成了核心用户群。随着整个群体的扩大，乐队开始被越来越多人关注，以至于马东因为"看到团队里的小姑娘一到夏天就去音乐节，回来之后脸上都保持着谜之微笑"而做了《乐队的夏天》节目。这档与乐队有关的节目也成为引爆点，让大众见识到了摇滚乐的魅力。

由此可见，线下活动、聚会的过程就是深度交流、建立关系的过程，随着活动次数的积累，关系的密度逐渐增加，覆盖的用户群体也随之扩大。事实上，通过线下建立紧密关系的方式，就是我们前文提到的Supreme、lululemon等知名品牌的核心运营方式之一。

4.6.2 线下运营，建立深度关系

在lululemon的故事里，lululemon每到一个新城市扩张，最先拓展的是瑜伽老师、私人教练和健身红人，因为瑜伽运动有一定的门槛，离不开专业人士的指导，因此这类人群带有强烈的超级用户属性。lululemon会为这些专业人士提供一年的免费服装，由于服装优异的质量、时尚的设计，以及十分适合在做瑜伽的场景穿着，因此，教练很自然会日常穿着lululemon服装进行瑜伽练习，并向他的学员展示lululemon产品。这些专业人士的另一个职责是向lululemon反馈自己及学员对瑜伽服装的一些修改建议。lululemon也会在店内放置专业人士的大幅海报，并围绕专业人士举办各种以"健康生活方式"为核心的活动，如瑜伽课程、跑步俱乐部、健康饮食教学，以及不定期在纽约中央公园（见图4-11）、北京奥林匹克森林公园等标志性的地方举办千人规模的瑜伽活动。

图 4-11　lululemon 在纽约的一场线下活动

同样，以线下活动起家的还有 Supreme。Supreme 在纽约的店面是整个纽约知名滑板好手和街头艺术家的聚会场地，Supreme 录用了很多资深滑板玩家作为店员。每天晚上闭店以后，纽约知名的滑板群体和各种有趣的人聚集在 Supreme 店铺中，开各式各样的派对。每周四的上新日更是 Supreme 爱好者的狂欢日，想要购买新品的年轻人先要经历一个复杂的预约流程，事先需要在网上预约，然后 Supreme 通过邮件通知他们抽签的地点。抽签地点通常不在店里，大部分都在距离店铺大约一个小时车程的地方。周一，这些 Supreme 的爱好者会先到指定地点领取写有排队时间和位置的"排队入场券"；周四早晨，领取了"排队入场券"的年轻人会在 Supreme 店铺门口排队等待购买心仪的商品（见图 4-12），购物队伍通常会排到下一个街区，Supreme 的保安也会耐心地向普通游客解释如果他们这一天才开始排队的话，不可能在关店前进入店铺购物，只能第二天早些时候过来。

图 4-12 Supreme 爱好者在排队等候入店

经常参加 Supreme 新品发售的英国埃克塞特大学（University of Exeter）的学生威尔·甘布尔（Will Gamble）认为⊖，"排队其实有些社交的意味。我每星期都去 Supreme 看看有什么新品，还因此交到了不少朋友。"

每次甘布尔会约朋友一起排队、一起拍照，几乎要花一整天的时间。与甘布尔一起排队的人通常都有共同的爱好，喜欢参观展览、做体育运动、听音乐等。对这些排队的人而言，最幸福的时刻就是买到最新商品时，他们会马上拍几张照片发到 Instagram 上，与其他朋友分享自己的战利品。拥有 Supreme 往往是他们进入圈子的准入证。

无论是 lululemon 还是 Supreme 的线下活动，与其说是一个活动，不如说是一种仪式，以一种特殊的方式将爱好者聚集起来，让他们深度交流，建立更紧密的关系。

⊖ 《那些排队买 Supreme 的人，到底是为了什么？》，好奇心日报，http://www.qdaily.com/articles/43791.html。

4.6.3 创造仪式感

各种规律性和非规律性的礼仪活动、聚会活动等线下活动聚集了有相同信仰的人，通过这些活动，这些人建立了更亲密的关系，加深了信仰。从这个角度来观察线下活动，可以发现，无论是 Supreme、lululemon，还是乐队，都是由规律性和非规律性的礼仪活动、聚会活动构成的。Supreme 有每周四的上新活动；lululemon 有每周末在各地标志性场所举办的瑜伽活动；乐队有每周在 LiveHouse、酒吧的演出，还有每年的各大音乐节的演出，乐迷也会开启他们的"朝圣"之旅。

对大多数人来说，提起英国想到的或许是伊丽莎白塔（大本钟）、白金汉宫、球星大卫·贝克汉姆、神探福尔摩斯，但对乐迷而言，去利物浦就像是进行一次音乐的"朝圣"之旅。因为披头士乐队（Beatles）当年在马修街（Mathew Street）的酒吧 The Cavern Club（洞穴俱乐部）驻唱，因此，每年有超过 60 万人来到利物浦"朝圣"。

无论是 LiveHouse 还是音乐节，整个活动过程都充满了各种仪式感。作为一个不懂乐队语言的马东在《乐队的夏天》节目的第一期，将摇滚乐的金属礼比成了"666"的手势，惹得全场大笑。而正确的金属礼（见图 4-13）是把大拇指、中指、无名指贴紧，伸出食指和小指，这是金属和摇滚乐队成员、乐迷在现场经常使用的一种手势。除了金属礼外，现场音乐还会有开火车⊖等具特色的现场互动环节。

综上所述，仪式感主要从三方面来创造，其一是固定的周期，可设置以每天、每周、每月、每年等为周期做同样的事；其二是固定的地点，最好是

⊖ 有人在前面带头，后面多人以队列的方式互相抱住腰，后面的人抱住前面的人，一个接一个排下去，就像火车一样，然后跑来跑去。

具有代表性的地点，如马修街的 The Cavern Club 酒吧、贝克街 221B 号；其三是按特定的流程，有特定的手势或玩法。我们在设计线下活动的过程中，不妨通过这三方面来创造仪式感。

图 4-13　摇滚乐的金属礼

4.7　线上 + 线下，围绕运营容器，深度链接小众人群

2015 年，我曾一度认为当时的工具型 App 都在转型做社交，社交类 App 都在做电商，而电商都在弄 O2O（线上到线下），O2O 都在想办法融资。到了 2020 年，当我再一一打开手机里的 App 后发现，绝大多数的 App 都是"工具 + 内容 + 电商"的产品形态了。

工具属性是移动互联网时代的流量入口，衡量 App 能否存在于用户手机的唯一标准就是它是否具备工具属性，也就是应用场景[一]，在何时、何地、何

[一]　笔者在《精益营销第一课：产品冷启动》中有详细的论述。

种情况下，哪类用户会使用这个 App。比如我们在寻找餐厅就餐的时候会打开大众点评，浏览新闻的时候会打开今日头条，查看股市行情的时候会打开雪球、同花顺，查阅 NBA 比赛信息的时候会打开虎扑体育，去陌生的地方会使用百度地图、高德地图……

工具吸引用户，内容让用户上瘾。尼尔·埃亚尔（Nir Eyal）和瑞安·胡佛（Ryan Hoover）合著的《上瘾：让用户养成使用习惯的四大产品逻辑》一书中提出了新颖而实用的"上瘾模型"（Hook Model），即从四个方面养成用户的使用习惯（见图 4-14）：触发、行动、多变的酬赏、投资。

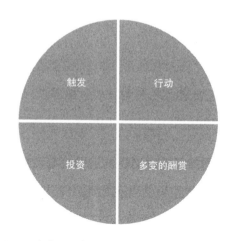

图 4-14　上瘾四要素：触发、行动、多变的酬赏、投资

内容社区恰好满足了这四个方面的特征：

1. 触发

《上瘾：让用户养成使用习惯的四大产品逻辑》一书将触发分为外部触发和内部触发，工具属性就是外部触发装置，很容易触发用户使用产品。内容及靠内容形成的社区氛围则实现了内部触发。以虎扑为例，这个靠翔实的

NBA数据起家的平台,因为其体育运动的内容吸引了大量男性用户,目前形成了以NBA、CBA(中国男子篮球职业联赛)、运动装备、中国足球、综合体育及步行街等为主体的社区结构,其中步行街就是男性用户发布话题、"吐槽"、互动的娱乐性版块。在这个版块会有人分享感情生活的最新变化、会有人发布社会热点话题、会有人留下令人捧腹大笑的回复话语,这些内容最终会形成独特的社区文化。

大量的内容沉淀也创造了虎扑独特的论坛文化,通过内容形成的社区氛围成为内部触发引擎,以男性为主的用户群体逐渐对虎扑产生了依赖,沉浸在男性社区氛围之中,虎扑的热度也逐渐提升(见图4-15)。

图4-15 百度指数显示"虎扑"的影响力持续升高

2. 行动

要使人们行动起来,有三个要素必不可少:第一,充分的动机;第二,完成这一行为的能力;第三,促使人们付诸行动的触发。一个内容平台主要有两类人,一类是浏览者,他们被内容吸引,若要他们完成浏览及评论的行动,他们需要更多可以讨论的内容;这就需要另一类更重要的用户:内容产生者,也就是我们前文提到的超级用户。他们的动机是交流,他们会发布内容，可以是一句话的内容、一幅有特色的图片、一个只有几秒的视频，也可以是对一个观点长达几千字的论述、一组图片、一个长达几分钟甚至几十分钟的精心剪辑过的视频，而社区内浏览者对内容的评论和浏览也促使这些超级用户持续制作内容。

3. 多变的酬赏

一个内容社区，对用户可能包含浏览量、评论量、点赞量、收藏量、积分、关注人数等实物奖励，还包含炫耀、兴奋、认识新朋友等心理层面的满足，平台还可以给予用户认证、勋章、流量支持等。此外，排行榜也是一种很好的刺激用户的方法，通过排名刺激更多的超级用户分享内容，让普通用户参与讨论。以虎扑为例，"热门"就是排行榜的功能，各个版块都有各自的排行榜，标明内容热度。虎扑也会给予不同领域的用户认证，激励他们发布各类内容，活跃社区氛围。

4. 投资

这里引入成本的概念，即用户对于一件事情的重视程度与他付出的成本成正比。如果一个平台能让用户绞尽脑汁完成一项任务，那这个用户会对平台形成相当强的依赖，因为他付出了很高的时间成本。相反，很多"一键生成"的任务，不会使用户形成对平台的依赖。同理，招募用户参与一个线下活动，用户就会形成更好的黏性，因为用户需要经历复杂的报名、筛选过程，获得资格后，会在指定的时间、指定的地点参与活动，付出的成本高，"上瘾"度就高。对于内容平台而言，投资也几乎贯穿用户使用的过程，浏览是投资、发表评论是投资、撰写内容是投资、获得积分是投资，以及为得到平台给予的流量支持、勋章、认证头衔所做的任务，对用户而言，都是投资。

由此可见，以内容为代表的社区形态基本契合让用户"上瘾"的四个要素,如此反复,被工具吸引来的用户逐渐成了产品的活跃用户。

而平台的电商模块不仅是获得商业收益的方式,还可以通过提供产品满足内容社区大量沉淀的身份需求。就拿最常见的印花 T 恤、印花卫衣来说,从款式上来看,这些产品并没有太大的差异,材质相差也不大,但是它们只要印上了具有品牌调性及特殊人群属性的 LOGO 就能获得不错的销量,比如程序员交流社区 GitHub 印花卫衣,虎扑联名款球鞋、篮球、卫衣等。

这些"工具+内容+电商"形态的 App 已经形成一个闭环:通过工具获取用户,通过内容留住用户、建立共识,通过电商销售身份符号。App 本身就是运营容器,而如果继续深入了解这些 App 后会发现,线下活动也已经成为它们极其重要的一部分。

2016 年,虎扑体育推出了线下的"路人王"篮球赛。据介绍,"路人王"篮球赛以季度为大赛单位,每个月会举办 12 场城市赛和一场有选拔性质的冠军排位赛。开发线下业务一直是虎扑的期望,从最早的篮球公园和同城约战,到邀请 NBA 球星参加商业赛事,再到举办拥有特定规则的篮球赛事,"路人王"可以说是虎扑体育的第四代线下尝试。据"路人王"项目负责人介绍,这一代线下尝试采用了观看门槛很低的形式,并利用移动互联网的红利,采用"直播+点播"的形式。观众在虎扑自有的直播网站"亮了网"及各大视频平台基本都能观看到"路人王"的比赛视频。除此以外,虎扑还充分发挥单挑这一快节奏的比赛形式,利用 GIF 图的形式,满足移动互联网时代用户对碎片化信息消费的需求。

据《自创赛事"路人王",虎扑想让这个草根篮球联赛拥有 IP 价值》[一]一

[一] 来源:懒熊体育,http://www.lanxiongsports.com/posts/view/id/9106.html。

文的报道,"路人王"第三季总决赛现场是:

距离第一天比赛正式开始还有两小时,'路人王'可以容纳 500 名观众的现场就已经坐满了一半。比赛开始一小时后,观众席座无虚席,甚至连出入口都挤满了人。

到场的大部分观众是在深圳读书或工作的年轻人,绝大多数都是特意来到现场观看比赛。

更多篮球爱好者通过线上平台关注"路人王"比赛,虎扑直播平台"亮了网"直播平均在线人数为 200 万人,最高峰时达到了约 350 万人,全平台直播同时在线人数接近 400 万人。在微博上,"虎扑路人王"标签话题的总阅读数达到 1 亿次。此外,在"路人王"总决赛的官方赞助商快手 App 里,"虎扑路人王"标签下的参与度已经超过 7 500 万。

通过运营容器和内容留住用户,让用户上瘾,将用户黏住,并通过线下活动深度运营超级用户、核心用户,这样的过程也曾出现。早在 2011 年,中本聪消失后不久,比特币爱好者就举办了比特币大会。从此以后,比特币的活动就未停止过,活动既有成千上万人参与的大型会议,又有数十人的聚会。

如同前文的分析,今日头条、抖音、快手、虎扑、雪球等产品,都是沿着由工具获取用户,再通过社区、通过内容让用户上瘾,将用户黏住,并通过各类线下活动和用户建立更深层的关系(见图 4-16),这类用户会成为产品未来爆发过程中最坚实的力量。

图 4-16 互联网产品链接关系模式

用4年时间坚持每天报道美好生活方式的自媒体"一条"同样在拓展线下市场,它开始尝试在大型购物中心开设实体店铺"一条生活馆":任何消费者只要掏出手机扫描商品上的"电子价签"就能了解货品的详细图文介绍;除海淘商品外,其他商品都可以在店内直接购买,也可在一条App及公众号上直接下单,货品快递到家。

一条生活馆会整合名人、设计师、作家、艺术家及各地食材、物产方面的达人等资源,通过讲座、展览等形式向一条的用户深入介绍更美好的生活方式,就像Supreme、lululemon的店铺一样,与其说是卖场,不如说是聚会的场所。这是典型的从特别的内容开始从线上聚集用户,然后拓展线下,深度建立关系的模式(见图4-17)。

图4-17 媒体类平台链接关系模式

与一条将用户聚集在App、公众号及各个媒体平台不同,日日煮、日食记同样用内容聚集用户,除了以各个媒体平台为容器外,它们还会将用户汇聚到社群,建立更有深度的连接;它们同样开设线下体验店,日日煮创始人Norma在接受采访时透露⊖,体验店运营两个月,用户平均消费4 000~4 500元。

随着淘宝、天猫、京东、拼多多等电商平台逐渐普及,随着快递、物流等供应链体系愈加成熟,以及微信、QQ、社区等运营容器的出现,线上与线下的界线变得越来越模糊,吃喝玩乐的日常消费品正在像互联网产品一样,

---

⊖ 《"一条""日日煮"抢先入局,内容创业迎来OMO时代?|新榜观察》,新榜,作者:夏之南,https://www.lanjinger.com/ d/83343。

通过产品获取用户,通过运营容器、内容黏住用户,通过线下活动让用户建立更深层的关系(见图4-18)。

图4-18 消费品领域链接关系模式

这样的例子还有前文提到的完美日记和喜茶。消费者在使用完美日记产品后,会被引导加入名为"小完子玩美研究所"的微信群,完美日记的官方人员会以群主身份每天在小程序里发布高质量的美妆内容,再转发到群里,引发群里的用户持续关注与讨论。群主还会在群里进行不间断的直播、抽奖等活动。而购买喜茶的消费者在购买喜茶的同时会被引导关注微信公众号,并在接下来的日子里接收到喜茶的最新消息,也会被引导参加喜茶的各种线上、线下活动,逐渐成为喜茶的忠实用户。

2017年11月22日,创新工场创始人兼首席执行官李开复,在《经济学人》(The Economist)杂志 The World in 2018 特辑中发表专栏文章,结合出行、零售、教育等领域,描述了OMO(线上与线下融合)模式给生活带来的改变。李开复相信,未来世界即将迎来OMO时代,而中国有望在全球范围内首先实现OMO。创新工场将我国的互联网分为四个阶段:纯线上时代、电商时代、O2O时代、OMO时代。此前三个阶段对实体经济的渗透不超过20%,而在OMO时代,互联网对实体经济的渗透将显著提升。在OMO时代,线下能够拥有在线上享有的便利和多样选择,线上能够拥有在线下享有的体验和服务。

OMO时代的来临基于物流供应链服务自动化,无处不在的连接与运算能力,随时随地的支付能力,真实世界的全面数据化这四大前提。

事实上，这种线上与线下的融合比我们想象中还要快。我们日常接触的很多行业正在以殊途同归的方式融合在一起，而不变的是人、容器、关系。产品吸引人，内容和线下活动让人逐渐建立了关系，使人和内容最终沉淀在容器之中。有相同喜好的人越来越多，也就迎来了引爆流行。

接下来让我们通过 B 站的出圈故事来理解这一过程。

第 5 章

潮流：
品牌的入圈与出圈

5.1 B 站入圈：出圈之前，请先入圈

"出圈"是 2019 年最热词汇之一，这个原本指某个明星走出自己的粉丝圈被更多人所了解的词语，越来越多地被引申为身处不同圈子的人突然火了，被其他圈子的人所了解。前文提到的"口红一哥"李佳琦在 2019 年破圈而出，在 2019 年 11 月 1 日到 11 月 24 日，短短 24 天，21 条热搜，其中 7 次热搜榜排第一。无独有偶，前文提到的摇滚乐队、比特币、lululemon、B 站都与"出圈"联系在一起，有趣的是他们"出圈"之前都经历了相对漫长的入圈过程，李佳琦用了 3 年，比特币用了 8 年，B 站用了 10 年，摇滚乐队用了 20 多年。在这一过程中，他们先**深入小众人群之中，在小众人群中建立强大的影响力，成为其中数一数二的名人或知名机构**，之后才有机会出圈。我们就以 B 站为例来分析一下"入圈"的逻辑。

2007 年 1 月，弹幕视频网站"鼻祖"日本的 NICO NICO 动画（简称 N 站）正式上线，弹幕功能是 N 站的最大特色，观看者可以在影片上留言，留言会以弹幕形式出现在影片上，实现了一种"超越实际时间，虚拟的时间共

享"的感觉。这种被 N 站管理层称为"非同期 Live"[1] 的特色吸引了深受二次元文化熏陶的年轻人。

日本的二次元文化特指以平面形式呈现出来的动画或游戏等作品中的角色，主要载体为 ACGN（Animation-Comic-Game-Novel，动画 - 漫画 - 游戏 - 轻小说），后泛化为音乐、手办[2]、Cosplay[3]、同人[4] 等所构成的文化圈。20 世纪 70 年代末，日本经济处于繁荣时期，年轻人的消费能力很强，促进了文化产业的发展，《宇宙战舰大和号》《银河铁道 999》《超时空要塞》《圣斗士星矢》《城市猎人》《七龙珠》《攻壳机动队》等深具影响力的动漫作品陆续问世，这些作品吸引了大批年轻粉丝，也诞生了"二次元文化"。在后来的岁月里，二次元文化虽因日本经济泡沫破灭，经历了低潮期，但还是逐渐被主流社会所接纳。21 世纪开始，二次元文化得到了日本政府的认可。日本政府多次提出要让动漫人物成为日本的"文化名片"，熊本熊、巴里桑（见图 5-1）等二次元形象更是成为官方吉祥物。在东京的秋叶原、涩谷，到处都是与动漫、游戏、轻小说相关的店铺。N 站则是满足了二次元用户在互联网观看视频的需求。

年轻人除了观看视频、发布留言外，还愿意进行二次创作，将喜好的视频重新剪辑、配音、配乐，变成有独特风格的新作品。现在 B 站用户熟知的"鬼畜"原本就是 NICO NICO 动画的一种剪辑手法，它原本的名字应为"音 MAD"，是通过高度同步、快速重复的素材配合背景音乐的节奏达到喜感效果，

---

[1] 《N 站 A 站 B 站和 YouTube 你不知道的那些事》，作者：牛疯疯。

[2] 手办是指具有收藏性的人物模型。

[3] Cosplay 是 Costume Play 的简写，指利用服装、饰品、道具及化妆来扮演动漫作品、游戏中及古代人物角色。

[4] 同人是指由 ACGN 作品甚至现实里已知的人物、设定衍生出来的文章及其他如图片、影音作品、游戏等。

且富有强烈节奏感的视频制作手法的总称。由于弹幕功能和二次创作模式，N站吸引了大批使用者，上线不到一个月，总留言数超过 1 000 万，影片观看数超过 1 亿次。截至 2015 年已有超过 4 800 万人注册，付费会员超过 200 万人。

图 5-1　熊本熊（左）与巴里桑（右）

N 站上线半年后，2007 年 6 月，我国出现了一个可以在视频上发弹幕的二次元视频网站"ACFun"（Anime Comic Fun 的缩写），简称 A 站（见图 5-2）。A 站的出现满足了国内喜欢二次元文化的用户的需求，当时这类用户主要观看日本的二次元作品，他们的规模也很小，是一类典型的基于小众文化需求结合在一起的小众人群。他们像日本年轻人热爱 N 站一样，热衷于在 A 站观看视频、发布弹幕，并将很多资源搬运到 A 站。我们现在将上传视频的用户称为"UP 主"，这一称呼就是从 A 站形成的，同样来源于日本。

图 5-2　ACFun 早期的网站首页

A 站沿袭了 N 站的产品和内容，也继承了 N 站的不稳定的特点。受设备、带宽负载等因素限制，在很长一段时间里，N 站规定观赏影片者必须注册，并根据注册顺序于全天（24 小时）或规定时间（日本时间 2:00~19:00）登录 N 站。A 站也遇到了同样的问题，作为一个个人网站，网站代码是创始人 xilin（西林）写的，日常维护也仅靠几名志愿者，服务器不稳定，时常宕机，但热爱二次元文化的年轻人一直不离不弃，直到 2009 年。

2009 年 6 月 26 日，A 站的资深管理员徐逸（网名 "9bishi"）创建了一个 A 站的备用视频网站——mikufans，后来这个网站改名为 bilibili（哔哩哔哩），也就是 B 站。2009 年年末，A 站创始人 xilin 以 400 万元的价格将 A 站低价出售给杭州边锋的潘恩林和陈少杰。陈少杰在运营 A 站的过程中发现游戏直播节目很受欢迎。2014 年 1 月 1 日，陈少杰将直播节目独立出来，更名为斗鱼 TV。在这期间，因为 A 站人事的变化和服务器的不稳定，很多 A 站的 UP 主开始使用 B 站。

2018 年时，我曾认为"B 站是一个有视频网站外表的社区"。因为 B 站上一个又一个的视频就像一个又一个帖子，而用户发布的弹幕就像社区论坛上一楼又一楼的回帖，因此，B 站的用户在 B 站上看视频实际上是在看视频版的互动社区。具有创作能力，能够长时间持续性输出优质内容的 UP 主无疑是喜欢二次元文化用户群体中的超级用户。事实上，无论是早期的 A 站，还是后来的 B 站，在用户层面成功的关键都是因为 UP 主。

B 站的超级 UP 主最早集中在 A 站。在很多人眼中，只有极具才华并且熟悉视频剪辑和配音的人才有可能成为 UP 主，但在 A 站火热的时期，虽然 A 站上也有不少善于精编细剪的 UP 主，但更多的 UP 主只是搬运工，将日本的动漫资源搬到 A 站。A 站上只有少数才华横溢的用户在原有视频的基础上进行重新编辑，做出"鬼畜"风格视频。

第 5 章 潮流：品牌的入圈与出圈

随着 A 站的 UP 主来到 B 站，B 站上也逐渐聚集了独特的"生熟肉"视频。"生肉"是指直接从日本搬运来的"番剧"[一]、动画，一些 B 站用户会以弹幕的方式进行翻译，"熟肉"是指已经添加字幕的"番剧"、动画。这些 UP 主大多是日本二次元文化的爱好者，他们会自发在 QQ 群组建 UP 主交流群，群主会让群成员将视频截成不同的时间段的视频，并布置任务，有翻译能力的群成员会按时完成相应的任务，组合成最终的视频后，上传到 B 站。

B 站 UP 主"不科学的 UP 组"整理出 B 站从 2009 年 7 月至 2018 年 4 月各版块的累计播放量[二]（见图 5-3）。最早期的 B 站传承了 N 站，是一个以制作并发布"鬼畜"风格视频为主的小众平台，从 2010 年开始"番剧""动画""音乐""生活"等内容逐渐增多，因此，早期的 B 站可以说是一个原汁原味地展示日本二次元文化的视频网站。

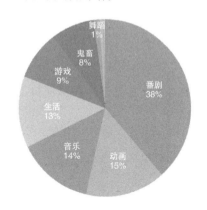

图 5-3　截至 2010 年 12 月 22 日，B 站各版块总播放量比例

弹幕是支撑"生熟肉"视频的核心。在"生肉"视频中，弹幕就是字幕；在"熟肉"视频中，弹幕是对翻译组最好的鼓励。弹幕也是 B 站着力运营的

[一] "番剧"的意思就是日本连载动画电视剧，动画也几乎是日本动画。
[二] 【大数据】B 站哪个区播放量最高，https://www.bilibili.com/video/av22755224。

功能，当时 B 站只有最基础的评论、发弹幕、看视频、投稿功能，使用弹幕功能必须先注册成为会员。当时的 B 站只有节假日才开放注册，要注册的用户还需要回答 100 道包含各种亚文化"梗"的题目，分数及格才能成功注册。而严格的考试制度也帮助 B 站筛选出真心喜爱二次元文化的用户群，他们构成了 B 站的核心用户群。他们极其珍惜注册用户的资格，十分谨慎地参与弹幕互动，这也让弹幕变得更具价值。于是 B 站形成了独特的弹幕文化，用户会通过弹幕形成对视频的讨论，积极鼓励 UP 主的创作，进行文化交流。

受到弹幕鼓励的 UP 主将更多的"生肉""熟肉"发布到 B 站，而在这些 UP 主的影响下，更多 B 站用户变成了 UP 主，或制作，或搬运更多的视频到 B 站，这些内容又进一步吸引了更多年轻人使用 B 站。2013 年，B 站的用户已经突破千万人，更惊人的是从 2012 年到 2014 年，B 站在很少做市场投放和广告的情况下，流量几乎以每年翻三倍的速度在高速增长。

到 2014 年 5 月，作为二次元文化的核心，游戏类视频的总播放量超越"番剧"成为第一名（见图 5-4）。B 站已经被深深打上了二次元的烙印。

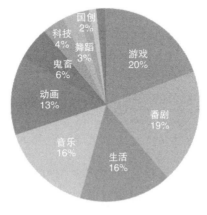

图 5-4　截至 2014 年 5 月 30 日，B 站各版块总播放量比例

随着 B 站用户规模的扩大，B 站对于 UP 主的运营也逐渐形成了体系，针对不同 UP 主的不同需求，B 站采取了不同的策略。

1）针对新 UP 主

① bilibili 创作学院：B 站将 UP 主制作的内容定义为 PUGC（Professional User Generated Content，专家生产内容），介于机构制作内容的 PGC（专业生产内容）和用户制作内容的 UGC（用户生成内容）之间，有一定的内容制作门槛。因此，B 站开设了"bilibili 创作学院"，以官方身份制作了一系列创作、运营培训课程以帮助 UP 主对视频制作达到从入门到精通的程度。

② 新星计划：针对新 UP 主，B 站推出了"新星计划"，通过激励 UP 主生产高质量内容来帮助粉丝量在一万以下的非机构认证 UP 主通过 B 站的推荐算法，获得更多粉丝，快速成长。

③ UP 主学园交流日：通过不定期在不同城市举办"UP 主学园交流日"活动，不仅为当地的 UP 主提供线下交流学习的机会，还促进了 UP 主之间的交流，帮助他们建立更紧密的关系。

2）针对老 UP 主

① 荣誉激励：B 站设计了复杂的勋章体系、实物奖牌激励等方式给予 UP 主激励。

② 商业变现："充电计划"是 B 站最早实施的 UP 主变现途径之一，通过用户打赏的方式，让 UP 主获得收益，UP 主只要发布视频内容即可享受该收益。2018 年 1 月，B 站还推出了"创作激励计划"，按照不同领域的视频播放量核算补贴，粉丝量达到 1 000 人或播放量、阅读量大于 10 万次的 UP 主即可申请。UP 粉丝量达到 1 万人以上的 UP 主可以申请加入"悬赏计划"，将获得 UP 主

视频下侧广告权限，可以自主选择展示何种广告，与 B 站共享广告收益。

3）针对顶尖 UP 主

① 高能联盟：与头部 UP 主签约，建立"高能联盟"品牌，深度绑定优质 UP 主。

② "BILIBILI POWER UP"百大 UP 主颁奖典礼：既是对头部 UP 主的激励，又是为头部 UP 主提供的一个聚会机会，促进 UP 主之间的交流。

通过对于 UP 主的运营，B 站不仅在很大程度上留住了 UP 主，还在 UP 主间建立了更紧密的关系，从而吸引了更多有创作能力的人加入 B 站，成为 UP 主。很多 B 站的老 UP 主都愿意提拔新 UP 主，向他们传授视频制作技巧、粉丝运营的经验，UP 主们会因为 B 站组织的活动从认识到成为朋友，在微信、QQ 里进行紧密的沟通。B 站很多 UP 主的视频里都提到过 UP 主之间的联系。

更多 UP 主的加入，为 B 站增添了更多大众元素，B 站上生活、影视、娱乐等大众内容逐渐增加。大众内容的增加也吸引了二次元圈层以外的年轻人，他们虽然几乎从来没看过动漫、"番剧"，但每天都会打开 B 站，津津有味地观看生活、影视、娱乐、音乐等 UP 主的精彩作品。B 站 UP 主"不科学的 UP 组"也从数据层面印证了这一现象，截至 2018 年 4 月，生活、影视、娱乐等内容已经占据刚刚完成 IPO（首次公开募股）的 B 站的总播放量的约 40%（见图 5-5）。

B 站入圈的过程印证了前面章节提到的孕育潮流的四要素：首先是文化需求，我们在文化需求的章节提到了文化需求是 B 站的根基，保证社区的核心文化尽量少被稀释和改变是 B 站用户增长的前提，为了营造这一氛围，B

站也反常规地采用了刻意控制用户规模的策略，B 站董事长陈睿更是将 B 站定义为一家文化品牌公司，而非传统意义的视频平台。

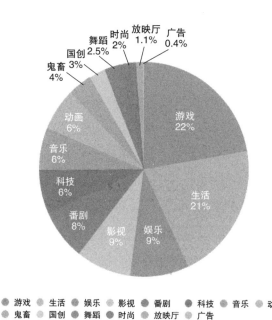

图 5-5 截至 2018 年 4 月，B 站各版块总播放量比例

其次是小众人群，B 站的开端是国内喜好日本二次元文化的用户群体。B 站在创建之初，在国内的用户规模很小，早期的 B 站，或者说 A 站，独特的 UP 主体系和弹幕功能，满足了喜好二次元文化的用户观看动漫、"番剧"、游戏等视频节目的需求。

再次是超级用户，二次元用户群体中存在着一群更具影响力的超级用户群体，他们是具有创作能力，可以持续产出内容的 UP 主。同时 B 站的用户注册门槛汇聚了很多真心喜好二次元文化的用户，他们构成了核心用户群，这些人发布的弹幕不仅成为 B 站视频内容的一部分，还间接鼓励了 UP 主持续创作。

最后是链接关系。本书第 4 章提到的利用内容、线下活动等围绕运营容器建立关系的方式同样体现在 B 站的运营中。前期 UP 主集中在 QQ 群，制作二次元内容，进行二次元文化的讨论，随后 B 站建立了完整的体系对各类 UP 主进行深度运营，其中包括 bilibili 创作学院、官方的教程、线下的课程、线下的各种活动及各种激励手段。值得注意的是，因为 B 站本身就是视频内容平台，因此很多 UP 主也会围绕自己制作的视频内容与其他人建立关系，就像前面提到的新老 UP 主之间的交流一样。正是通过这些方式，UP 主之间逐渐建立起了更紧密的关系。而这些 UP 主制作的内容又源源不断地为 B 站带来更多的新用户，他们中的一部分人通过考试成为注册用户，注册用户中的一小群人又成为 UP 主，开始制作内容吸引用户，周而复始（见图 5-6）。这就是 B 站可以在几乎不做任何推广的情况下，实现持续增长的原因。

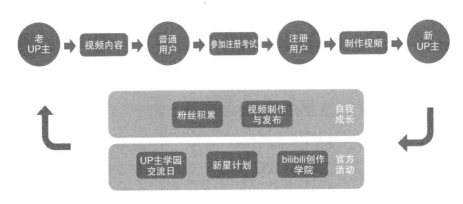

图 5-6　B 站 UP 主运营体系

随着文化需求、小众用户、超级用户、链接关系四要素的反复叠加，B 站经历了一个复杂的入圈过程，这就像从常温烧到 99℃的水一样，表面看变化不大，但其内部正在发生快速的变化，一触即发，引爆流行。而通过 B 站的故事我们可以发现，这种引爆流行存在两种可能，一种是像日本二次元文化一样,随着社会的发展,逐渐被大众所接受;另一种则像B站一样,随着生活、影视、娱乐等大众内容的增加,满足了大众需求,于是非二次元文化用户开始使用B站,从而实现了出圈。随着B站的出圈,越来越多的品牌开始愿意与B站合作,拓展年轻用户群体,B站的市值也逐渐提升,在2020年12月月底,达到300亿美元。相比第一种被动等待外界变化引爆流行,第二种找到大众需求点无疑具有更大的操作空间。接下来,让我们回到《乐队的夏天》节目,来看看这档节目如何找到大众的需求点,让摇滚乐破圈而出。

5.2 乐队出圈:小众需求的大众表达

2019年8月10日,惊艳了整个暑假的《乐队的夏天》节目正式收官,这档开播前备受争议的音乐综艺节目,从开播到收官,豆瓣评分从7.1分跃升到8.7分。

节目播出后,占节目有关的全网热搜达388个,其中微博热搜有70个,相关话题总阅读量达45亿次,以845 825的百度指数成为2019年上半年单日搜索指数最高的综艺节目。#乐队#的微信指数提及率从节目上线前的75万上涨至峰值515万,#乐队的夏天#微信指数峰值达227万,#乐队的夏天#头条指数累计突破1 797万,"新裤子"头条指数破1.5亿。《乐队的夏天》12期31支乐队贡献了116首作品,其中《生活因你而火热》《没有理想的人不伤心》《一场游戏一场梦》《西湖》等歌曲累计在朋友圈刷屏。

乐队为什么会出圈?真的是因为大众的音乐取向突然改变了吗?

在《乐队的夏天》出品方米未传媒公司联合创始人马东、牟頔看来,《乐队的夏天》是一档讲乐队故事的节目。马东在接受《经济观察报》采访时表示[一]："音乐节目有这么多，唱歌的手段、对音乐的包装，大概就是那些了。但是人是不一样的，我们发现人之间的关系是这个节目的主线，人的情感是这个节目的一个主要方向，这就是我们最开始给这个节目所定的'队大于乐'的方向。"

牟頔在谈到这档节目制作初衷的时候也提到了这是一档讲述乐队故事的节目："这些性格鲜明的人，他们对音乐理想的坚持和热爱，还有背后的悲欢离合，天生是综艺节目的宝藏。我希望让更多人看见他们。"

于是《乐队的夏天》从一开始就在着力勾勒乐队的故事。《乐队的夏天》第三期中，刺猬乐队首次竞演，先介绍了刺猬乐队的成员，乐队成员子健、"超级乐迷"高晓松及自媒体再介绍刺猬乐队的风格，之后开始讲述《火车驰向云外，梦安魂于九霄》这首歌的创作背景。2018年刺猬乐队面临解散，乐队成员生病，甚至觉得乐队"玩完了"。这时新裤子乐队也从侧面印证了刺猬乐队的处境：一直不顺利，子健兼职程序员写代码，石璐做了单亲妈妈。节目进而引出《火车驰向云外，梦安魂于九霄》的主旨：憧憬生活的美好。

在竞演环节后，马东又引出了刺猬乐队成员子健和石璐的旧情。伴随着刺猬乐队传奇的故事，《火车驰向云外，梦安魂于九霄》这首在当时本来影响力不大的歌迅速流行起来，其中的一句"一代人终将老去，但总有人正年轻"歌词在多达736篇微信公众号文章中被提及。

除了刺猬乐队成员的旧情外，《乐队的夏天》节目还讲述了新裤子乐队的中年危机、痛仰乐队曾同住北京树村的难兄难弟情、海龟先生曾经离散而又回归的成员，以及超级乐迷张亚东、大张伟与台上乐队的渊源，这些故事增

[一]《乐队的夏天：马东眼里的"队大于乐"》，经济观察报，韦晓宁，https://baijiahao.baidu.com/s?id=1642075614688108884。

加了普通观众对于乐队的认知,节目也因此屡屡登上热搜。

由此可见,表面上是摇滚乐出圈,实际上更多人记住的是乐队的故事,而故事是大众可以理解、愿意接受的。有趣的是真正将《乐队的夏天》里每首歌都听完的观众不多,其中传唱更多的是"土摇"(本土摇滚乐),其他类型的摇滚乐依然小众。

李佳琦是 2019 年另一个"出圈"的代名词。诚然,李佳琦通过三年多,每年接近 400 场的直播,聚集了千万粉丝,但真正让李佳琦出圈的是李佳琦的高薪,因为赚钱是大众需求。不少讨论过李佳琦的人可能几乎没有真正完整地看过他的直播,反而对他的资产和带货成绩津津乐道。

B 站、《乐队的夏天》、李佳琦都在向我们揭示一个现象,**所谓的出圈,并不是大众变了,突然有了一些小众需求,而是小众品牌找到了大众需求的立足点,从而吸引到更多人,于是才有了"出圈"。**

值得注意的是这里的大众需求往往不是通常提到的吃、穿、住、行等基础需求,而是击中了人性弱点的需求点。

我在《精益营销第一课:产品冷启动》一书中引用了张小龙在腾讯内部的分享,他提到做产品要把握人性中的"贪嗔痴",满足了这几点,产品便会"召唤"用户。在挖掘一个产品核心卖点时也要洞察人性,特别是人性的几大弱点,如贪婪、懒惰、虚荣、窥探等,产品卖点越接近几大弱点,越容易被用户所理解。从用户需求的角度来看,人性的弱点中往往隐藏着大众需求。比如《乐队的夏天》节目把摇滚乐变成乐队的故事则是击中了人性中的"窥探",B 站受到关注的一个因素是股价持续上涨,从 2020 年年初的 18 美元上涨到 2020 年 6 月的近 30 美元一股,巨大的财富效应吸引了更多媒体将目光投向 B

站……这些大众需求往往会激发大众的好奇心，逐渐接近引爆的临界点。

因此，所谓的引爆流行，实际上，也是一种从小众需求变为大众需求的过程。只要在小众需求中找到基础需求，以及"召唤"大众的大众需求弱点，并加以满足，产品就有可能引爆流行。

5.3 引爆流行的副作用：分享"现编"的故事

2010年12月，某知识分享平台开始内测，它最初采用邀请注册制，有邀请码才能注册成为用户，并浏览内容，其最早一批用户是互联网行业内的意见领袖，如包括马化腾、李开复、冯大辉、徐小平在内的互联网、创投圈的CEO、高管。这也奠定了它深度分享个人的知识、经验和见解的内容调性，在该平台上不仅逐渐沉淀了不少高质量的内容，还留住了一些贡献高质量内容的高质量用户。

经历了漫长的内测期后，直到2013年3月，该平台才开放注册。在不到一年的时间里，其注册用户迅速增加到400万人。

然而随着用户的快速增加，该平台出现了"早期用户逃离"的现象，在这些早期用户眼中，该平台已经失去了原有的味道。2018年，该平台上线了智能推荐功能，很多人开始接触"关注的人、关注的问题"之外的内容。我当时正在接触区块链内容，原本认为该平台是一个非常专业的知识分享平台，对比数据后我发现，该平台上很专业的区块链内容没有点赞、没有评论，阅读量寥寥无几，但情感、娱乐、健身这样的大众内容往往能获得上万个点赞、几千条评论及相当多的阅读量。

第 5 章 潮流：品牌的入圈与出圈

我们知道从小众人群到大众人群是一个需求变化的过程，该平台的用户爆发也经历了这一历程，从专业性极强的小众人群才能理解的内容，逐渐变化为更容易被大众接受的故事类经历分享与专业内容相混合的结构，这也造成了该平台上用户"海贼-某某飞"的"编故事"事件，此人的用户账号后来也因伪造身份被该平台封禁。

2017 年年初，有人发现该平台有个名为"海贼-某某飞"的答主在 244 个问题中，分享了 100 多种传奇人生经历，同时收获了超过 20 000 个赞，从王路飞回答的互动数可以看出，他分享的内容确实受到了普通用户的欢迎。

这一事件的爆发将该平台推到了风口浪尖，在很多媒体、该平台用户的眼中，该平台失去了原有的光环，并迅速演变成类似百度贴吧、天涯的内容社区产品，不少该平台的早期用户也逐渐离开了它，与逃离该平台相关的话题也成为包括该平台用户在内的热门话题，然而它真的出现危机了么？

2019 年 8 月，36 氪爆出该平台完成其创业史上金额最大的一轮融资，由快手和百度联合战略投资约 4.5 亿美元。此前一年，它刚刚完成了 2.7 亿美元的融资。百度指数也证明了其影响力持续提升，早期用户的离开并没有影响它的发展（见图 5-7）。

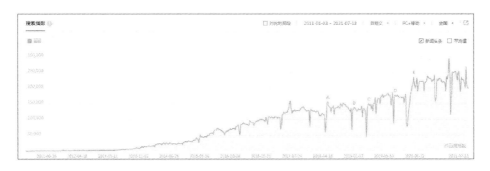

图 5-7 百度指数显示影响力在持续提升

事实上，**一个小众产品实现爆发增长的标志就是用户活跃数据持续提升而最早期的用户开始离开这个平台，去寻找新的平台**。这是因为小众文化与大众文化间存在着鸿沟，很多小众文化在出圈的过程中，必然会经历部分改造，从而更加适合大众喜好，比如 B 站的内容多元化、《乐队的夏天》中的故事性表达，这样做在一定程度上会稀释原有的文化氛围。

我们用一个放满海水的水池来解释这一现象。小众文化就像水池中的海水，因为浓度太高，只有适应海水的生物才能够在其中生存，为了海水中有更多生物能适应，我们不得不对海水进行稀释，于是水池里海水的浓度越来越低，也就越来越适合更多生物生存。这一过程就是小众文化的出圈过程，随着小众文化的部分改造，小众文化变得更适合大众的口味。然而海水在稀释后，很多原本喜好海水浓度的生物已经不适应新的环境，它们需要新的环境，于是开始迁移到新的地方。

因此，我们看到随着逃离该平台的现象出现，该平台的影响力反而进一步扩大。同样的道理，随着 B 站出圈，B 站有部分早期的二次元用户开始返回 A 站。前面提到的 Supreme 品牌大众化后，部分滑板玩家也开始放弃 Supreme。我们可以因此得到一个推论：**"小众人群离场，大众人群入场"正是引爆潮流的开始**。

后记　用互联网方式建立新一代的品牌

2018年，因为偶然的机会，我读了《第四消费时代》《文化战略：以创新的意识形态构建独特的文化品牌》，这两本书带给我极大的启发，让我从另一个维度——文化需求，重新理解了品牌价值。就像本书提到的Supreme、喜茶、泡泡玛特、Allbirds等品牌，它们并不是一个品类的代名词，而是一种感受。

随着我国经济的发展、物质的丰富，人们已经不满足于基础类的消费，而是需要能与自身、与自己的圈子相匹配的个性化消费。长期的互联网从业经验也让我基于互联网的逻辑来观察人们的文化需求，以解开我对于引爆流行的困惑。

在我实际操作互联网项目及互联网营销过程中发现，不同事物的引爆点差别巨大。著名的"凡客体"的成功，除了有社会化媒体的红利外，长时间在公交站、地铁站投放的线下广告是至关重要的原因。而在"凡客体"之后，很多企业（包括凡客）都试图复制"凡客体"，但几乎都没有成功，就是因为缺少了长时间的线下广告投放的蓄能。本书前言提到的我亲历的7天在App Store排行榜排第一名的海外社交项目，则让我再次认识到，**不同需求产品的引爆点完全不同**。

引爆点与人们对于某种需求的迫切程度息息相关，越迫切就越容易快速扩散，实现急速引爆流行。没那么迫切的需求则需要一个升温的过程，像烧水一样，逐渐加热到99℃，最后才可能会引爆流行。

在互联网出现之前，可以用"星星之火，可以燎原"来形容这一过程，就像Supreme先在美国纽约扎根，再延伸到美国洛杉矶，进而扩散到英国、日本，然后逐渐在欧洲、亚洲国家/地区扎根。前文提到的耐克、lululemon

在早期也是沿着这条路径进化的，没有互联网就先在线下扎根，从一个地区扩展到另一个地区。而互联网的出现极大地提升了信息传输的效率，实现了跨国家/地区的沟通与交流，于是由一个圈子开始，逐渐渗透影响更多人，进而出现引爆点。在这个阶段，圈子变得异常重要，圈子就是小众人群。

在"第2章小众人群"里，我们提到过共识的概念，其实品牌就是一种共识，因为有一群人对一个品牌达成了共识，这个品牌才有了存在的价值，并逐渐产生更大的价值。这群人可能首先是企业主，进而扩展到先使用产品的一群用户，再扩展到更大的一群用户，并逐渐扩大。从这个角度来理解，引爆流行就是从小众品牌变成大众品牌的过程。本书提到的所有案例都符合这一逻辑。

那么，如何借助互联网让小众人群达成共识呢？这就是超级用户、链接关系解决的问题。超级用户、链接关系在互联网出现之前就已存在于人类社会之中。在互联网时代，这些关系因信息的高效传输能力而放大。

超级用户存在于各行各业之中，由于模仿的天性，人类倾向于像身边的人一样生活，像他们一样吃喝玩乐，而"身边人"中的先行者或者是高频刚需的迫切需求者，或者是具有创作能力的KOL（关键意见领袖）群体，他们通过言行举止影响着小众人群的喜好，Supreme、lululemon、摇滚乐等事物的流行都与此有关。原本通过超级用户影响他人的方式比较低效，但互联网打破了时间、空间的限制，于是超级用户成为事物流行链条中重要的一环。

链接关系则是另一环。关系原本也是人类社会重要的组成部分，互联网的出现创造了Facebook、WhatsApp、微信等社交网络平台，让关系的建设变得异常高效，内容输出和线下活动两种方式又是构建关系最高效的方式，于是我们看到，很多默默无闻的事物突然流行起来，而它们都是通过内容、活

后记 用互联网方式建立新一代的品牌

动等方式,逐渐在小众人群中收获了极大的知名度,进而成为大众能感知的事物。

有趣的是"没那么迫切的需求"的人群爆发强度又与升温过程相关,经历的时间越长,与忠实粉丝的关系越紧密,往往爆发的强度就越大。相反,很多没有经过时间沉淀的事物,往往会昙花一现,快速爆发,迅速消失。

我在查找、整理案例素材的过程中发现,孕育"潮流"的这套方法不仅适用于消费品行业,还适用于互联网行业,于是本书增加了我对B站、虎扑、一条等案例的分析。可以说,这本书介绍的内容绝大多数都符合互联网产品生长的逻辑:通过工具获取用户,通过内容、活动在用户与产品间建立关系,长时间地留住用户,逐渐形成用户对产品的共识,而这种共识就是品牌。也可以说,这本书是我在用互联网从业经验尝试解释消费品和互联网领域的ToC(面向消费者)产品构建品牌的逻辑。因此,这本书只是一个起点,伴随着更多品牌的诞生,我将进一步丰富这套方法,希望能给阅读本书的各位读者带来更多的启发。

本书从2019年开始构思,期间内容经过几次大量修改,以适应不断变化的环境,以及带来更好的阅读体验。感谢机械工业出版社的刘洁老师,她多次对文章结构、行文方法甚至表达方式等提出意见,全方位提升了本书的质量。

相关的案例整理和分析,我也会同步到我的微信公众号:品牌往事(ID:Brand_History),欢迎读者持续关注。本书可能存在疏漏和不足之处,还望读者不吝指正并向我反馈,以便我进一步研究和修改。

杨 泽

2021年9月23日